ОТШЕЛЬНИК

W0359732

ЛОБСАНГ РАМПА

ОТШЕЛЬНИК

«СОФИЯ»
2003

УДК 821.111
ББК 88.6
Р21

Перевод
Н. Г. Шпет
И. Гаврилюк

Редактор
И. Старых

Обложка
А. Янковой

Р21 Рампа Лобсанг
Отшельник
Пер. с англ. — К.: «София»; М.: ИД «София», 2003. — 160 с.

«Отшельник» — единственная как бы не вполне автобиографическая книга Лобсанга Рампы, хотя в молодом монахе, выслушивающем удивительный рассказ старого слепого отшельника, вполне можно узнать автора.

Здесь мы встретимся с удивительной информацией о «Садовниках Земли», о том, как на Земле появились люди, о том, какой крохотной песчинкой является наша цивилизация среди других, бесконечно более развитых и могущественных миров, которые взращивают нас, словно сад, где есть и прекрасные растения, и сорняки, нуждающиеся в прополке.

Здесь есть и версия происхождения всех земных религий, которая, возможно, многим покажется спорной.

В дополнение к «Отшельнику» — ответы на вопросы читателей, взятые из книги «Зажечь огонь»: о предсказаниях, об астрологии, о пользе занятий оккультизмом, о вреде вегетарианства, о буддизме и христианстве.

Итак, перед вами еще одна книга многими любимого автора.

ISBN 5-9550-0055-0
©«София»,2003

СОДЕРЖАНИЕ

Посвящается леди Тарнбул,
одной из самых прекрасных
канадских женщин

Я, автор этой книги, утверждаю,
что она абсолютно правдива.
Некоторые читатели, погрязшие
в материализме, предпочтут считать ее
вымыслом.
Право выбора за вами — вы можете верить
или не верить, в зависимости от своего развития.
Я НЕ готов обсуждать то, что в ней описано,
или отвечать на вопросы.
В этой книге, как и во ВСЕХ моих книгах,
— только ПРАВДА!

Лобсанг Рампа

ГЛАВА ПЕРВАЯ

Снаружи сияло солнце. Оно ярким светом заливало деревья, заставляя их отбрасывать черные тени на бледные выступы скал, и выхватывало с синей поверхности озера мириады сверкающих точек. Но здесь, в прохладной глубине пещеры старого отшельника, царил мягкий полумрак, и зеленоватый свет, проникающий сквозь нависающие ветви деревьев, нежно касался усталых глаз, утомленных ослепительными солнечными лучами.

Молодой человек уважительно склонился перед худым отшельником, который, выпрямив спину, сидел на оглаженном временем валуне.

— Я пришел к тебе, чтобы получить указания, Почтенный, — произнес он тихим голосом.

— Садись, — приказал старец. Одетый в кирпично-красную мантию молодой монах опять поклонился старцу и сел скрестив ноги на плотно утрамбованную землю на расстоянии нескольких футов от пожилого человека.

Старый отшельник хранил молчание, и его пустые глазницы, казалось, внимательно вглядываются в прошлое.

Много-много лет назад, когда он был еще молодым ламой, китайские чиновники в Лхасе безжалостно вырвали у него глаза за то, что он не выдал государственных секретов, которыми он никогда не владел. Прошедший через пытки, искалеченный и слепой, исполненный горечи и лишенный всяких иллюзий, он побрел прочь из города. Он шел по ночам, почти обезумев от боли и побоев, и всячески избегал человеческого общества. Он думал, он постоянно думал.

Он поднимался все выше и выше, останавливаясь на редких пастбищах и питаясь любыми травами, какие ему удавалось найти. Чтобы поддержать едва тлеющую искру жизни, он пил воду из горных ручьев, находя их по мелодичному журчанию. Его раны постепенно заживали, опустевшие глазницы перестали слезиться. Но он продолжал взбираться вверх, подальше от людей, без всякой причины подвергших его безумным пыткам.

Воздух становился все более разреженным. Ему больше не попадались ветви деревьев, которые можно было очистить от коры и использовать в пищу. Он больше не находил трав. Теперь он вынужден был продвигаться ползком, опираясь на колени и кисти рук, испытывая страшное головокружение, не зная, как помешать ужасным мукам голода.

Воздух становился холоднее, порывы ветра делались более резкими, но он упорно продолжал подниматься вверх, как будто движимый каким-то внутренним импульсом. Несколькими неделями раньше, в самом начале своего путешествия, он нашел прочную палку, которая помогала ему отыскивать свой путь. Теперь его трость постоянно упиралась в препятствия, и от нее больше не было пользы.

Молодой монах внимательно смотрел на старого человека. Никаких признаков движения. Юноша начал беспокоиться, все ли в порядке, но утешил себя тем, что «Почтенные Старцы» живут прошлым и никто не может заставить их проявить поспешность.

Он стал внимательно осматривать голую пещеру. Она действительно была голой. С выступающего каменного пальца скорбно свисала давно превратившаяся в лохмотья шафрановая мантия, выбеленная солнцем. И ничего больше. Ничего.

Древний человек размышлял над своим прошлым, он думал о той боли, которую пришлось ему испытать, когда его пытали, калечили, вырывали глаза. Это было тогда, когда *он* был так же молод, как сидящий перед ним молодой человек.

Обезумев от бесплодных усилий, он все время натыкался посохом на странный барьер, внезапно возникший перед ним. Тщетно он старался что-то увидеть через свои пустые глазницы. Наконец, обессилев от бесконечных бесплодных попыток, он рухнул к подножию таинственного барьера. Слабая струйка воздуха едва шевелилась над его изголодавшимся телом, из которого постепенно уходили тепло и жизнь.

Проходили долгие минуты. Потом послышался стук кованых сапог по скалистому грунту, кто-то пробормотал несколько слов на совершенно непонятном языке, и безвольное тело подняли и понесли прочь. Раздался резкий металлический звук, и давно подкарауливавший его гриф, почувствовав, что он напрасно ждал своей трапезы, резко взмыл в воздух.

Старый человек содрогнулся: все ЭТО было давным-давно. Теперь от него ждет указаний этот стоящий перед ним молодой парень, который так похож на НЕГО, того, каким он был... Ох, сколько лет назад это было? Шестьдесят? Семьдесят? Или больше? Впрочем, не имеет значения, все это давно позади, все задернулось дымкой времени. Что значат годы человеческой жизни, когда он знает *годы мира*?

Казалось, время остановилось. Смолк даже слабый ветерок, шелестевший листьями стоявших у входа деревьев.

Испытывая почти мистический страх, молодой монах ждал, пока старый человек начнет говорить. Наконец, когда напряжение стало почти невыносимым, Почтенный заговорил.

— Ты послан ко мне, — сказал он, — потому, что перед тобой поставлена большая жизненная задача, и я должен поделиться с тобой своими знаниями, чтобы ты в некоторой степени мог узнать свою судьбу.

Он повернул лицо к молодому монаху, который смотрел на него в замешательстве.

«Трудно, — подумал он, — иметь дело со слепыми людьми. Они «смотрят», не видя, но при этом ты чувствуешь, что они видят все! Да, это самое трудное во всем деле».

Шелестящий голос человека, которому редко приходится говорить, продолжал:

— Когда я был молод, мне многое пришлось испытать, это были очень болезненные испытания. Я покинул свой великий город Лхасу и, слепой, отправился в пустыню. Меня подобрали голодного, больного, лежащего без сознания не знаю где, и стали готовить к этому дню. Когда я передам тебе свои знания, работа моей жизни будет окончена, и я смогу мирно отправиться в Небесные Поля.

При этих словах яркий румянец залил пергаментные щеки старца, и он бессознательно начал быстрее вращать свое молитвенное колесо.

Снаружи медленно поползли легкие тени. Окрепший ветер закружил высохшую пыль. Где-то громко вскрикнула птица. Почти незаметно день шел на убыль, тени становились длиннее. В пещере, где теперь уже было совсем темно, молодой монах теснее обхватил тело руками, надеясь задушить все усиливающееся чувство голода.

Голод. Обучение и голод, думал он, всегда идут рядом. Голод и обучение. Легкая улыбка скользнула по лицу отшельника.

— А! — воскликнул он. — Информация верна — молодой человек голоден. Молодой человек дребезжит, как пустой барабан. Мой информатор подсказывает мне, что это должно быть так. И предлагает лечение.

Медленно, с трудом и со скрипом в суставах, он поднялся на ноги и поковылял в доселе невидимую часть пещеры. Вскоре он появился опять, неся небольшой пакет для молодого монаха.

— От вашего почтенного руководителя, — воскликнул он, — он сказал, что это поможет сделать ваше обучение более сладким.

Сладкие лепешки, сладкие лепешки из Индии, из вечного ячменя или тсампы, пришедшие как неожиданное подкрепление! И немного козьего молока вместо воды.

— Нет, нет! — воскликнул старый отшельник, когда он пригласил его разделить с ним трапезу. — Я уважаю потребности молодых — и особенно тех, кто должен будет отправиться в широкий мир за горами. Ешь и наслаждайся пищей. Я, недостойный человек, пытаюсь скромно следовать пути милостивого Будды и питаться метафорическими зернами горчичных семян. Но ты должен поесть и лечь спать, так как, я чувствую, уже опустилась ночь.

С этими словами он повернулся и отправился в хорошо замаскированную внутреннюю часть пещеры.

Молодой человек подошел к выходу из пещеры, который теперь вырисовывался сероватым овалом на фоне тьмы, затопившей все внутри. Отливающее пурпуром небо перерезали черные силуэты горных вершин. Внезапно сквозь темные тучи прорвался серебристый свет луны, как будто рука Бога отодвинула покрывало ночи, чтобы погрязшее в трудах человечество могло увидеть «Царицу Неба». Но молодой монах недолго рассматривал окружавшие его красоты, его трапеза была слишком скудной и западному юноше могла бы показаться абсолютно недостаточной. Вскоре он вернулся в пещеру и, быстро справившись с унынием, крепко уснул.

Первые утренние лучи заставили его беспокойно перевернуться. Мгновенно проснувшись, он вскочил на ноги и виновато осмотрелся вокруг. В это время старый отшельник, с трудом передвигаясь, вошел в основную часть пещеры.

— О Почтенный! — взволнованно воскликнул молодой монах. — Я проспал и не позаботился о полуночной службе!

Потом, осознав, где он находится, он почувствовал замешательство.

— Не бойся, юноша, — сказал отшельник с улыбкой, — здесь не бывает служб. Человек, достигнув определенного развития, может провести «службу» внутри себя, в любое время, для этого совершенно не обязательно собираться в стадо, подобно глупым якам. Но приготовь себе тсампу, поешь, потому что сегодня я должен очень многое тебе рассказать, а тебе необходимо все запомнить.

И он медленно вышел навстречу пробуждающемуся дню.

Час спустя молодой монах сидел перед старцем, слушая историю, настолько необыкновенную, что она захватила его целиком. Это была история, которая послужила основой для всех религий, всех волшебных сказок и всех легенд на всем белом свете. История, которую замалчивали священники и «ученые», верой и правдой служащие своим властям еще со времен племенного строя.

Солнечные лучи мягко пробивались сквозь листву, окаймлявшую вход в пещеру, ярко вспыхивая на металлических вкраплениях ее каменных стен. Воздух слегка прогрелся, и слабая дымка появилась над поверхностью озера. Громко щебетали немногочисленные птицы, обсуждая нескончаемые проблемы поиска пищи на скудных клочках земли. Высоко в небе в восходящем воздушном потоке парил одинокий гриф, взмывая и опускаясь на своих широко распростертых крыльях, пока его глаза зорко осматривали почти безжизненную местность в поисках умерших или умирающих животных. Убедившись, что здесь он ничего не найдет, он с пронзительным криком устремился прочь в поисках более благоприятных мест.

Старый отшельник сидел прямо и неподвижно, его тощую фигуру покрывали только остатки золотистой мантии. Правда, она уже не была золотистой, солнечные лучи выбелили ее до слабого желтовато-коричневого цвета, оставив желтые полосы в тех местах, где ниспадающие складки слегка защищали ее от безжалостных лучей. Его высокие острые скулы были туго обтянуты кожей и их покрывала восковая бледность, столь типичная для тех, кто не часто выходит на свет. Его ноги были босы, и все его имущество составляли чаша, молитвенное колесо, да еще запасная мантия, тоже давно превратившаяся в лохмотья. И ничего больше, ничего в целом мире.

Сидящий перед ним молодой монах глубоко задумался над тем, что он увидел. Чем выше духовность человека, тем меньшей собственностью он владеет. Великие Настоятели в золотых одеждах, их богатство и обильная пища, они всегда были на стороне политических властей и жили настоящим, только на словах следуя Священным Книгам.

— Молодой человек, — прервал молчание голос старца, — мое время уже близится к концу. Я должен передать тебе свои знания, и после этого мой Дух будет свободен и сможет отправиться в Небесные Поля. Ты тот, кто должен понести эти знания другим, так что слушай и запоминай, ничего не упуская.

«Запомни это, выучи то! — подумал молодой монах. — Жизнь — это тяжкий труд и больше ничего. Больше не будет никаких воздушных змеев, никакой ходьбы на ходулях, никаких...»

Но старый отшельник продолжал:

— Тебе известно, каким пыткам подвергали меня китайцы, ты знаешь, как я блуждал в пустыне, пока не пришел к великому чуду. Таинственный внутренний импульс вел меня до тех пор, пока я не свалился без чувств у самого входа в Усыпальницу Мудрости. Я расскажу тебе об этом. Все мои знания должны принадлежать тебе. Хотя мне это было показано тогда, когда я был лишен зрения, я видел все.

Молодой монах кивнул головой, забыв, что старец не может этого видеть, а вспомнив, сказал:

— Я слушаю тебя, Почтенный Учитель, и я постараюсь запомнить все.

Произнося это, он поклонился старцу, потом опять сел на место, ожидая продолжения речи.

Старый человек улыбкой выразил свое удовлетворение и продолжал:

— Первое, что я помню, это то, как я ощутил себя удобно лежащим на мягкой постели. Конечно, я был молод, совсем, как ты сейчас, и я решил, что попал на Небеса. Но я ничего не видел, а я знал, что, если бы я оказался По Ту Сторону Жизни, зрение опять вернулось бы ко мне. Итак, я лежал и ждал. Вскоре ко мне приблизился звук очень тихих шагов и затих передо мной. Я лежал тихо, не зная, что меня ждет.

— А! — раздался голос, который, как мне показалось, чем-то отличался от всех остальных голосов. — Итак, к тебе вернулось сознание. Хорошо ли ты себя чувствуешь?

«Что за глупый вопрос, — подумал я, — как я могу хорошо себя чувствовать, если я умираю от голода?»

Умираю от голода? Но я больше не чувствовал голода. Я ДЕЙСТВИТЕЛЬНО чувствовал себя хорошо, ОЧЕНЬ хорошо. Я осторожно пошевелил пальцами, почувствовал свои руки — они больше не были похожи на плети. Я опять был полон жизни и был вполне нормальным человеком, если не считать того, что у меня не было глаз.

— Да, да, большое спасибо, я действительно чувствую себя хорошо, — ответил я.

И услышал, как Голос произнес:

— Мы могли бы восстановить твое зрение, но тебе удалили глаза, так что теперь мы этого не сможем сделать. Отдохни еще немного, и мы подробно обо всем с тобой поговорим.

Я отдыхал — у меня не было выбора. Вскоре я опять уснул. Сколько времени я проспал, я не знаю, но меня разбудил мелодичный перезвон колоколов, перезвон, мелодичнее и благозвучнее самых прекрасных гонгов, лучше, чем древнейшие серебряные колокола, звонче храмовых труб. Я вскочил и стал оглядываться, как будто я мог что-то увидеть своими пустыми глазницами. Чья-то рука нежно скользнула по моим плечам, и мягкий голос произнес:

— Поднимайся и идем со мной. Я поведу тебя.

Молодой монах слушал зачарованно, удивляясь, что ничего подобного никогда не происходило с ним, и в то же время сознавая, что в конце концов это ДОЛЖНО произойти!

— Продолжай, пожалуйста, Почтенный Учитель! — воскликнул он.

Старый отшельник улыбнулся, выражая благодарность своему слушателю за проявленный интерес, и продолжал свой рассказ.

— Меня привели в какое-то помещение, которое, по-видимому, было большой комнатой, заполненной людьми — я слышал шелест их дыхания и шуршание их одежд.

— Садись сюда, — произнес мой гид, и подо мной оказалось странное устройство. Собираясь сесть на землю, как делают все разумные люди, я едва не ударился о какой-то предмет.

Старый отшельник сделал паузу, воспоминание об этой сцене вызвало у него короткий смешок.

— Я внимательно его прочувствовал, — продолжал он, — он оказался мягким и прочным. Он опирался на четыре ноги и сзади у него было ограждение, которое поддерживало мою спину.

Сначала я решил, что они считают меня слишком слабым, чтобы я мог сидеть без посторонней помощи, потом это вызвало у меня едва сдерживаемое веселье, так как оказалось, что именно таким образом сидят эти люди. Мне было странно сидеть подобным образом, я чувствовал себя неуверенно, и мне казалось, что меня жестоко выставили на показ, поместив на обитый войлоком помост.

Молодой монах попытался представить себе помост для сидения. Для чего нужны подобные вещи? Зачем люди выдумывают ненужные предметы? Нет, решил он, земля достаточно хороша для того, чтобы сидеть, — она куда безопаснее, с нее нельзя упасть. И как человек может оказаться настолько слабым, чтобы его спина нуждалась в опоре?

Но вот старый человек заговорил опять.

«Его легкие работают прекрасно!» — подумал юноша.

— Ты хотел бы узнать о нас, — сказал мне Голос, — тебя интересует, кто мы такие, почему ты так хорошо себя чувствуешь. Садись поудобнее, потому что мы должны многое тебе рассказать и многое показать.

— О Светлейший! — запротестовал я, — я слеп, мне удалили глаза, а ты говоришь, что должен многое мне показать, как же это может быть?

— Успокойся, — произнес Голос, — если ты проявишь терпение, со временем ты все поймешь.

Мои ноги, свисавшие в столь странном положении, начали болеть, поэтому я их подтянул вверх и попытался принять позу лотоса на этом маленьком деревянном помосте, опирающемся на четыре ноги и имеющем странное ограждение со стороны спины. Усевшись таким образом, я почувствовал себя лучше, хотя немного опасался, что, не имея возможности видеть, могу свалиться неизвестно куда.

— Мы — Садовники Земли, — произнес Голос. — Мы путешествуем по Вселенной, направляя людей и животных во множество различных миров. Обитатели Земли создали о нас легенды, вы считаете нас Богами, живущими на Небесах, рассказываете о наших пылающих колесницах. Сейчас мы расскажем тебе о начале Жизни на Земле, чтобы ты мог передать эти знания тому, кто придет после тебя и отправится в мир, чтобы описать все это, потому что наступило время, когда люди должны узнать Правду о своих Богах, прежде чем начнется второй этап.

— Но здесь какая-то ошибка! — закричал я в страхе. — Я всего лишь бедный монах, который взобрался на эту высоту непостижимым для меня самого образом.

— Мы, воспользовавшись своим умением, послали за тобой, — прошептал Голос, — ты был избран для этой цели благодаря твоей исключительной памяти, которую мы еще больше укрепим. Нам все о тебе известно, вот почему ты здесь.

Снаружи пещеры, где уже давно сиял яркий день, резкий птичий крик возвестил о внезапной тревоге. Пронзительный крик, свидетельствующий о грубом вторжении в птичью жизнь, который так же внезапно смолк, когда птица поспешно улетела. Старец на мгновение поднял голову и сказал:
— Ничего страшного, по-видимому, пролетавшая в вышине птица схватила свою жертву.

Молодому монаху было слишком тяжело отрываться от этой волшебной истории пережитых лет, лет, которые, к его удивлению, ему совсем не трудно было себе представить. Над спокойными водами озера сонно склонился иван-чай. По нему изредка пробегал случайный ветерок, шевеля его листочки, которые начинали что-то бормотать в знак протеста против нарушения их покоя. Утреннее солнце уже покинуло вход в пещеру, и теперь ее заливал холодный зеленоватый свет. Старый отшельник слегка зашевелился, поправляя свою изодранную мантию, и продолжал.

— Я был напуган, очень напуган. Что мог знать я об этих Садовниках Земли? Я не был садовником. Я ничего не знал о растениях и вообще ничего о Вселенной. Я не хотел принимать в этом участия. С этими мыслями я поставил ноги на край помоста, на котором я сидел, и поднялся. Ласковые, но очень твердые руки заставили меня сесть обратно, так что я опять оказался в этом странном положении со свешенными вниз ногами и спиной, прижатой к непонятному ограждению позади меня.

— Растения не диктуют своих условий Садовникам, — прошептал Голос. — Тебя сюда доставили и здесь тебя будут обучать.

Пока я так сидел, ошеломленный и обиженный, вокруг меня развернулась дискуссия на незнакомом мне языке. Голоса... Голоса... Некоторые были высокими и тонкими, как будто они исходили из глоток карликов. Некоторые были глубокими, звучными или подобными реву яка в брачный период, мычащему среди полей.

«Кто бы они ни были, — думал я, — они сулят мне боль, мне, никому не нужному человеку, невольному их пленнику».

Я со страхом прислушивался, когда закончится эта непонятная дискуссия. Тонкие голоса, напоминающие писк. Низкий рокот, подобный звуку трубы в глубоком каньоне.

«Что это за люди? — недоумевал я. — Способны ли человеческие глотки на такой диапазон тонов, обертонов и полутонов? Где я? Может быть, это еще хуже, чем попасть в руки китайцев?»

О! Если бы я мог видеть. Если бы у меня были глаза, чтобы увидеть все, что теперь навсегда скрыто от меня. Исчезла бы тогда тайна, которая меня окружает? Но нет, как потом выяснилось, тайна становилась все глубже! Итак, я вынужден был сидеть, испытывая все больший страх. Пытки, которым меня подвергли китайцы, когда я попал к ним в руки, лишили меня мужества, и мне казалось, что я больше никогда не вернусь к жизни. Лучше бы явились Девять Драконов и начали терзать меня на части, чем дальше выносить Неизвестное. Итак, я сидел, потому что мне больше ничего не оставалось делать.

Голоса стали громче, и я начал беспокоиться за свою безопасность. Будь я зрячим, я мог бы предпринять отчаянную попытку бегства, но, лишенный глаз, я был особенно беспомощным и должен был полностью полагаться на милость других, на милость ВСЕГО, что меня окружает: падающего камня, закрытой двери, неясной тени, вырисовывающейся передо мной, — да, прежде всего неясной тени, угрожающей, гнетущей, внушающей страх.

Звуки шума перешли в крещендо. Голоса пронзительно визжали на самых высоких регистрах, голоса ревели, подобно крикам сражающихся быков. Я опасался насилия, ударов, которые посыплются на меня из окружающей меня вечной тьмы. Я крепко ухватился за край своего сиденья, потом поспешно отпустил руки, так как мне пришло в голову, что если я получу удар, он все равно легко сможет меня сбросить, а если я буду держаться, толчок будет только сильнее.

— Не бойся, — произнес уже знакомый мне Голос, — у нас просто совещание. Никакого вреда мы тебе не причиним. Мы просто обсуждаем, как лучше всего передать тебе знания.

— О Благороднейший, — ответил я, несколько смутившись, — меня действительно удивляет, как столь Великие могут поднять такой шум, как стадо яков на наших холмах!

Мое замечание было встречено веселым смехом. Оказалось, моего собеседника вовсе не обидела моя глупая откровенность.

— Запомни навсегда, — ответил он, — не имеет значения, насколько высоко ты стоишь, у каждого всегда существуют свои аргументы, каждый может выражать свое несогласие. Мнение одного всегда может отличаться от мнения остальных. Можно обсуждать, спорить, убедительно защищать свое мнение, или же быть рабом, автоматом, всегда готовым принять то, что говорят другие. Свободное обсуждение для непосвященного наблюдателя всегда выглядит как прелюдия физического насилия.

Он успокаивающе потрепал меня по плечу и продолжал:

— Здесь присутствуют представители не только множества рас, но и множества миров. Некоторые из них принадлежат к вашей солнечной системе, другие — из очень удаленных галактик. Некоторые могли бы показаться тебе крошечными карликами, тогда как другие — настоящие гиганты, их рост раз в шесть превышает рост самых маленьких.

По звуку его удаляющихся шагов я понял, что он присоединился к остальной группе.

Другие галактики? Что все это значит? Что означают слова «другие галактики»? Гиганты — это понятно, подобно большинству людей, я знал о них из сказок. Карлики тоже время от времени появлялись в различных представлениях, которые мне приходилось видеть.

Я покачал головой. Все это было выше моего понимания. Он сказал, что мне не причинят вреда, что это всего лишь обсуждение. Но даже индийские торговцы, которые приезжали в Лхасу, не учиняли такого крика, рева и шума. Я решил сидеть тихо и ждать развития событий. В конце концов, что мне еще оставалось делать?

Молодой монах сидел в холодном сумраке пещеры старого отшельника, полностью поглощенный и зачарованный этой волшебной историей о странных существах. Но все же он был не настолько зачарован, чтобы не заметить поднимавшегося в нем недовольства. Поесть, срочно поесть — вот что было для него сейчас важнее всего. Старый отшельник внезапно прервал свой рассказ и пробормотал:

— Да, мы должны сделать перерыв. Можешь приготовить себе поесть. Я скоро вернусь.

С этими словами он поднялся и медленно исчез во внутреннем проеме.

Молодой монах поспешил к выходу. Какое-то мгновение он стоял, рассматривая окружающий ландшафт, потом направился к озеру, где призывно блестел мелкий песок, такой же бурый, как и земля вокруг. Он достал из своей мантии деревянную чашу и погрузил ее в воду. Ополоснув ее, он достал небольшой мешочек дробленого ячменя, положил немного в чашу и залил его водой из озера, зачерпывая ее рукой.

Он уныло рассматривал свое блюдо: ни масла, ни чая. Густое тесто из молотого ячменя, замешанное на воде из озера. И это пища! Он погрузил в чашу палец и перемешивал массу до тех пор, пока не добился желаемой консистенции, после чего медленно и без особого энтузиазма начал ее есть, зачерпывая двумя пальцами правой руки.

Закончив, он ополоснул чашу озерной водой, потом зачерпнул полную горсть мелкого песка. Он энергично потер чашу песком, изнутри и снаружи, после чего опять ополоснул ее в озере и, еще мокрую, спрятал в своей мантии. Потом, став на колени, он расстелил подол мантии и стал набирать в нее песок, пока не почувствовал, что больше поднять не сможет. Пошатываясь от тяжести, он направился назад в пещеру. Внутри он высыпал песок и вернулся к выходу за опавшими ветками. Потом тщательно вымел крупные комья слежавшегося песка и насыпал толстый слой свежего. Одной порции ему не хватило, и он семь раз ходил на озеро, прежде чем почувствовал себя удовлетворенным и мог с чистой совестью сесть на свое свернутое, изодранное в клочья одеяло из ячьей шерсти.

Он никогда не имел модной одежды. Единственным его одеянием была его красная мантия. Изношенная и местами совсем протертая, она не защищала от резкого ветра. Никаких сандалий, никакого нижнего белья. Ничего, кроме этой единственной мантии, которую он снимал на ночь, когда заворачивался в свое одеяло. Кроме этого, у него была чаша, крошечный мешочек с ячменем и старая, побитая, кем-то давным-давно выброшенная коробочка для амулета, в которой он хранил маленький талисман.

У него не было даже молитвенного колеса — оно для тех, кто побогаче. Он и ему подобные могли молиться только в храмах, пользуясь общественными молитвенными колесами. Его череп был выбрит и покрыт рубцами — Знаками Зрелости, отметинами, которые были выжжены тогда, когда он подвергся испытанию ароматическими палочками.

Палочки сжигались у него на голове, чтобы испытать степень его погруженности во время медитации, когда он не должен был чувствовать ни боли, ни запаха горящей плоти. Теперь, будучи избран для выполнения особой задачи, он отправился к Пещере Отшельника.

Тем временем день медленно клонился к закату, тени становились длиннее, а воздух быстро охлаждался. Юноша сидел, ожидая появления старого отшельника. Наконец послышались шаркающие шаги, постукивание длинного посоха и тяжелое дыхание старца. Молодой монах смотрел на него с еще большим уважением: сколько пришлось испытать этому человеку! Какие страдания он перенес!

Старый человек, волоча ноги, обошел вокруг и сел. В это мгновение леденящий душу крик разорвал воздух, и огромное лохматое создание прыгнуло в пещеру. Молодой монах вскочил на ноги и приготовился встретить смерть, защищая старого отшельника. Набрав горсти песка, он уже готов был швырнуть его в глаза непрошеному пришельцу, когда его остановил и успокоил голос незнакомца.

— Приветствую тебя, Святой Отшельник! — завопил он, как будто обращался к кому-то за милю отсюда. — Я прошу твоего благословения, я прошу, чтобы ты благословил наше путешествие, чтобы ты благословил ночь, когда мы разбили лагерь на берегу озера, — вопил он.

— Я принес тебе чай и ячмень. Благослови тебя Бог, Святой Отшельник, благослови тебя Бог.

Опять перейдя к действиям, что вновь вызвало тревогу молодого монаха, он стремительно бросился к отшельнику и повалился на свеженасыпанный песок перед ним. — Чай, ячмень, вот они, возьми их.

Отойдя от отшельника, он оставил перед ним два больших мешка.

— Купец, купец, — мягко запротестовал отшельник, — ты напугал старого одинокого человека своей стремительностью. Мир с тобой. Пусть на тебя снизойдет и пребывает в тебе Благословение Гаутамы. Пусть твое путешествие будет безопасным и быстрым, а твоим делам сопутствует успех.

— А кто же ты, юный петушок? — проорал купец. — Ох! — вдруг воскликнул он. — Прими мои извинения, юный святой отец, во мраке этой пещеры я сначала не разобрал, что ты один из Облаченных.

— Какие новости ты принес, купец? — спросил отшельник своим сухим надтреснутым голосом.

— Какие новости? — задумчиво произнес купец. — Индийского ростовщика избили и ограбили, а когда он пошел в суд жаловаться, его избили опять, осыпая грубой бранью. Цена на яков падает, цена на масло растет. Жрецы у Врат повысили пошлину. Наимудрейший отправился во Дворец Драгоценностей.

О Святой Отшельник! В общем-то, нет никаких новостей. Сегодня мы разобьем свой лагерь у озера, а завтра продолжим свое путешествие к Калимпонгу. Погода стоит хорошая. Будда заботится о нас, а дьявол нас не беспокоит. Может быть, тебе принести воды и свежего сухого песка, чтобы посыпать пол пещеры, или этот юный святой отец заботится о тебе?

Пока тени совершали свое путешествие, чтобы соединиться с чернотой ночи, отшельник с купцом вели разговор и обменивались новостями о Лхасе, Тибете и Индии, лежащей где-то далеко за Гималаями. Наконец купец вскочил на ноги, испуганно всматриваясь в сгущающуюся тьму.

— О! Юный святой отец, я не могу идти один в такой темноте — меня утащит дьявол. Не проводишь ли ты меня назад в лагерь? — стал умолять он.

— Я выполню все указания Почтенного Отшельника, — ответил молодой человек, — если он разрешит, я пойду с вами. Моя мантия защитит меня от ночных опасностей.

Старый отшельник усмехнулся, давая разрешение. Высокий молодой монах направился к выходу из пещеры. За ним следовал гигант, от которого исходил запах ячьей шерсти и чего-то еще менее приятного.

Выйдя из пещеры, он сразу наткнулся на ветку кустарника. Раздался пронзительный крик испуганной птицы, согнанной со своего насеста. Купец издал вопль ужаса — и упал к ногам молодого монаха в полуобморочном состоянии.

— О-о! Юный святой отец! — всхлипывал купец. — Я думал, это дьявол нашел меня. Я уже почти решил, правда, еще не окончательно, вернуть деньги, которые взял у индийского ростовщика. Ты спас меня, ты прогнал дьявола. Доставь меня в безопасности в мой лагерь и я подарю тебе полбрикета чая и целый мешок тсампы.

Это было слишком хорошее предложение, чтобы им пренебречь, поэтому молодой монах устроил целое представление, произнося Молитвы к Мертвым, Призыв к Неутомимым Духам и Песнь Хранителей Пути. Создаваемый им шум — молодой монах был начисто лишен слуха — отпугивал любое создание, скитающееся под сенью ночи, не оставляя никакого шанса дьяволу.

Наконец показался костер, разожженный в лагере, где остальные участники купеческого каравана пели песни и играли на музыкальных инструментах, пока женщины разламывали брикеты чая, опуская его в котел, где кипела вода. Туда всыпали целый мешок хорошо измельченного ячменя, потом одна пожилая женщина опустила похожую на клешню руку в мешок и извлекла оттуда целую пригоршню ячьего масла. Она отправила его в котел, потом еще и еще, пока жир не начал собираться и застывать на поверхности.

Жар костра был таким притягательным, веселье купеческого застолья таким заразительным. Молодой монах аккуратно обернул вокруг себя свою мантию и степенно сел на землю. Старуха, у которой подбородок почти касался носа, гостеприимно протянула руку, молодой человек застенчиво протянул свою чашу, и в нее была загружена щедрая порция чая и тсампы.

В разреженном горном воздухе вода «кипит» не при ста градусах по Цельсию и не при двухстах двенадцати градусах по Фаренгейту, а при температуре, которую вполне переносит рот. Вся компания быстро справилась с трапезой, и вскоре длинная процессия направилась к озеру, чтобы вымыть и вычистить мелким речным песком свои чаши. Река, питающая озеро, несла с горных высот мельчайший песок, в котором нередко можно было заметить вкрапления золота.

Компания была веселой. Истории, которые рассказывали купцы, их музыка и песни внесли живую струю в довольно однообразное существование молодого человека. Но луна поднялась выше, осветив бесплодный ландшафт своим серебристым светом и придав теням полную правдоподобность. Искры костра уже не поднимались к облакам, пламя постепенно умирало.

Молодой монах неохотно поднялся на ноги и, выражая многочисленными поклонами свою благодарность, принял подарки, предложенные ему купцом, который действительно был уверен, что молодой человек спас его от гибели!

Наконец, весь увешанный небольшими пакетами, он, спотыкаясь, пошел вдоль озера, вправо через заросли иван-чая, потом вверх, туда, откуда сердито смотрел вход в пещеру, черный и неприступный. Он на минуту остановился у входа и поднял глаза в небо. Высоко над ним, как будто приближаясь к Двери Богов, плавно плыло по небу яркое пламя. Что это, Божья Колесница?

Молодой монах вошел в пещеру.

ГЛАВА ВТОРАЯ

Молодого монаха разбудило мычание яков и возбужденные голоса мужчин и женщин. Сонно поднявшись на ноги, он набросил свою мантию и направился к выходу из пещеры, в намерении не пропустить ничего интересного. На берегу озера толпились люди, пытаясь оседлать яков, которые стояли в воде, и их никак не удавалось убедить выйти на берег. Наконец, потеряв терпение, молодой купец решительно бросился в воду и споткнулся о подводные корни. Взмахнув руками, он упал лицом вниз, и по окрестности разнесся громкий звук шлепка. Во все стороны разлетелись крупные водяные брызги, и напуганные яки неуклюже побрели к берегу.

Молодой купец, покрытый скользкой грязью и выглядевший очень смешным, вскарабкался на берег под гиканье и хохот своих друзей.

Вскоре тенты были свернуты, кухонная утварь, хорошо вычищенная речным песком, упакована, и купеческий караван медленно двинулся прочь под монотонное поскрипывание сбруи и окрики людей, тщетно пытающихся выжать большую скорость из тяжело нагруженных животных.

Молодой монах с грустью смотрел им вслед, руками прикрывая глаза от яркого света восходящего солнца. Уже смолк шум исчезнувшего каравана, а его взгляд, устремленный вслед, еще долго оставался печальным. Почему, думал он, он не мог стать купцом и отправиться в путешествие в дальние страны? Почему ОН всегда должен изучать вещи, которые, казалось, больше никто не изучает? Он хотел быть купцом или лодочником на Счастливой Реке. Он хотел бродить вокруг, посещать различные страны и видеть интересные вещи.

Меньше всего он тогда знал, что он БУДЕТ «посещать страны и видеть вещи», пока его тело не потребует покоя, а его душа не будет жаждать отдыха. Меньше всего он думал о том, что *он* будет странствовать по поверхности земли и переносить невероятные мучения. Сейчас он только хотел быть купцом или лодочником — он не стал ни тем, ни другим. Медленно, с низко опущенной головой, он сорвал попавшую под руку ветку и вернулся в пещеру, чтобы подмести пол и рассыпать свежий песок.

Медленно появился старый отшельник. Даже неопытному глазу молодого человека он показался заметно ослабевшим. Тяжело дыша, старец привел себя в порядок и проворчал:

— Мое время подходит к концу, но я не могу покинуть этот мир, пока не передам тебе все свои знания. Вот специальная травяная настойка, обладающая большой силой, которую мне дал один ваш известный Учитель именно на этот случай: если я сильно ослабею и ты будешь бояться за мою жизнь, влей мне в рот шесть капель, и я опять приду в себя. Мне запрещено покидать свое тело, пока я не выполню поставленную передо мной задачу.

Он порылся в складках своей мантии и достал маленький каменный пузырек, который молодой монах принял у него с величайшей осторожностью.

— Теперь продолжим, — сказал стаеьй человек. — Ты сможешь поесть, когда я устану и мне потребуется некоторое время для отдыха. А теперь — СЛУШАЙ и приложи все старания к тому, чтобы запомнить. И пусть ни на что не отвлекается твое внимание, потому что то, что я скажу, важнее моей жизни и важнее твоей. Это знания, которые необходимо сохранить и, когда придет время, передать дальше.

После короткого отдыха к нему, казалось, опять вернулись силы. Его щеки окрасились слабым румянцем. Устроившись поудобнее, он начал:

— Ты должен помнить все, что я тебе уже рассказал. Так что продолжим.

Дискуссия продолжалась и, по моему мнению, очень горячая, но в конце концов разговоры закончились. Послышалось шарканье множества ног, потом шаги: маленькие легкие шаги, похожие на шаги птицы, перепрыгивающей с места на место в поисках личинок; тяжелые шаги, увесистые, как неуклюжие шаги тяжело груженого яка; шаги, ставившие меня в тупик, потому что, казалось, что они не могут принадлежать людям, которых мне приходилось встречать. Но мои размышления о шагах были внезапно прерваны. Чья-то рука схватила меня за руку и голос произнес:

— Идем с нами.

Другая рука захватила мою вторую руку, и меня повели по полу, который моим босым ногам казался сделанным из металла. У слепых очень сильно развиваются все остальные чувства: я чувствовал, что мы пересекаем что-то вроде металлической трубы, хотя я и не мог себе представить, как это может быть.

Старый человек остановился, как будто опять перед ним встала незабываемая картина, потом продолжал:

— Вскоре мы достигли более просторного места, что я смог определить по тому, как изменилось эхо. Впереди возник скользящий металлический звук, и один из тех, кто меня вел, очень вежливо заговорил с кем-то, кто, по-видимому, был старше его. Что он говорил, я, конечно, не мог понять, потому что разговор шел на каком-то особом языке, на языке писка и щебетания. В ответ на явный приказ меня подтолкнули вперед, и скользящая металлическая дверь, издав мягкий звук, закрылась за мной.

Я стоял, чувствуя, как кто-то в упор рассматривает меня. Я слышал шуршание материи и скрип, который, как я мог себе представить, исходил от сиденья, подобного тому, на которое прежде усадили меня. Потом тонкая костистая рука взяла меня за правую руку и повела вперед.

Отшельник на мгновение прервал свою речь и усмехнулся.

— Можешь себе представить, что я чувствовал? Я находился внутри живого чуда, я не знал, что передо мной, и я должен был без колебаний верить тем, кто меня вел.

Наконец этот человек обратился ко мне на моем собственном языке:

— Садись сюда, — сказал он, мягко подталкивая меня вниз.

От страха у меня перехватило дыхание, мне казалось, что я падаю на постель из пуха. Потом сиденье, или что это там было, крепко сжало меня со всех сторон. По бокам находились подпорки или подлокотники, предназначенные, по-видимому, для того, чтобы помешать падению, если ты вдруг уснешь, убаюканный этой странной мягкостью.

Человека, сидевшего напротив меня, казалось, забавляла моя реакция. Я мог судить об этом по плохо сдерживаемому смеху, но, по-видимому, многих забавляет поведение тех, кто не может видеть.

— Ты напуган, и все, что окружает тебя, кажется тебе странным, — донесся до меня голос моего визави.

Да, это было мягко сказано!

— Не тревожься, — продолжал он, — тебе ни в коем случае не причинят вреда. Наши исследования показали, что ты обладаешь замечательной эйдетической памятью, поэтому мы собираемся дать тебе информацию, которую ты никогда не забудешь и которую ты через очень много лет должен будешь передать тому, кто пойдет твоим путем.

Все это казалось таинственным и, несмотря на его заверения, очень пугало меня. Я ничего не отвечал, но сохранял спокойствие, ожидая следующего замечания. Ждать пришлось недолго.

— Ты должен увидеть все прошлое, — продолжал голос, — рождение вашего мира, источник появления богов и то, почему пламя небесных колесниц имеет к вам прямое отношение.

— Уважаемый господин! — воскликнул я. — Вы использовали слово «увидеть», но мне удалили глаза, я слеп, я вообще ничего не вижу.

Последовало какое-то бормотание, свидетельствующее о том, что я вызвал его раздражение, и в его ответе прозвучали суровые нотки.

— Нам известно о тебе все, даже больше, чем ты сам когда-либо сможешь узнать. Твои глаза удалены, но зрительный нерв цел. Наши знания позволяют нам подсоединиться к твоему зрительному нерву, и ты увидишь все, что мы сочтем нужным.

— Значит ли это, что я опять буду видеть? — спросил я.

— Нет, это не так, — последовал ответ. — Мы собираемся использовать тебя для конкретной цели. Восстановить тебе зрение навсегда — значит дать тебе возможность вернуться в свой мир с устройством, намного опережающим его науку, а это недопустимо. А теперь хватит разговоров, я должен вызвать своих помощников.

Вскоре донесся уважительный стук, а вслед за ним я услышал звук скользящего металла. Состоялся разговор — по-видимому, вошедших было двое. Я почувствовал, как мое сиденье движется, и попытался подпрыгнуть. К своему ужасу, я ощутил, что мои движения ограничены со всех сторон. Я не мог двигаться по этому странному сиденью, которое, как оказалось, легко скользит во всех направлениях.

Мы двигались по переходам, где доносящееся до меня эхо вызывало у меня очень странные впечатления. В конце концов сиденье резко повернулось, и мои подрагивающие ноздри были атакованы множеством удивительных запахов.

Нас остановил отданный шепотом приказ, и чьи-то руки подхватили меня под ноги и под плечи. Меня легко подняли, перенесли в сторону и опустили вниз. Это меня напугало — вернее, вызвало настоящий ужас. Ужас усилился, когда плотный ремень обхватил мою правую руку чуть выше локтя.

Давление возрастало, так что мне казалось, будто моя рука раздувается. Потом я почувствовал укол в левую лодыжку, и у меня появилось невероятное ощущение, как будто что-то ползет у меня внутри.

Последовала еще одна команда, и я почувствовал у своих висков два холодных, как лед, диска. Донеслось жужжание, как будто рядом пролетала пчела, и я почувствовал, что мое сознание расплывается.

Передо мной стали появляться яркие вспышки пламени. Зеленые, красные, пурпурные — полосы всех цветов. Потом я пронзительно закричал: я был лишен зрения, значит, я находился на Земле Дьяволов и они готовили мне пытки. Короткая острая боль, похожая на булавочный укол, — и мой ужас стал стихать. Меня больше ничто не беспокоило!

Я услышал голос, обращающийся ко мне на моем собственном языке, который говорил:

— Не бойся, мы не причиним тебе вреда. Сейчас мы сделаем так, что ты сможешь видеть. Какой цвет ты видишь сейчас?

Когда я отвечал, что вижу красный, вижу зеленый, вижу все остальные цвета, я полностью забыл о своем страхе. Потом я вскрикнул от удивления: я мог видеть, но то, что я увидел, было настолько странным, что я не мог этого постичь.

Как теперь описать то, что описать невозможно? Как можно пытаться нарисовать картину того, что я видел, если на нашем языке нет для этого подходящих слов, если у нас отсутствуют понятия, которые подошли бы для этого случая?

Здесь, в Тибете, мы знаем достаточно слов и фраз, посвященных богам и дьяволам, но когда человек, не знаю каким образом, сталкивается с работой богов или дьяволов, что может он сделать, что может он сказать, как может он все это описать?

Я могу рассказать только то, что я видел. Но мое зрение находилось вне моего тела, и с его помощью я мог видеть сам себя. Это было зрелище, которое больше всего лишало присутствия духа, переживание, которое мне никогда не хотелось бы повторить. Но давай начнем сначала.

Один из голосов просил меня сказать, когда я увидел красный цвет, когда я увидел зеленый и все остальные цвета, и потом — это необычайное переживание, эта белая изумительная вспышка, и я обнаружил, что я пристально вглядываюсь — именно это слово кажется мне единственным подходящим — в сцену, совершенно чуждую всему, что я до сих пор знал.

Я полулежал-полусидел, опираясь на какое-то подобие металлической платформы. Казалось, она держится на единственной точке опоры, и какое-то время я всерьез опасался, что она опрокинется и я вместе с нею. Воздух был настолько чист, что мне еще никогда не доводилось такого видеть. На стенах из какого-то блестящего материала не было ни единого пятнышка, они были очень приятного, успокаивающего зеленоватого цвета.

В этой странной комнате, которая, по моим понятиям, была огромных размеров, находилось массивное оборудование, о котором я ничего не могу тебе рассказать, потому что просто не существует слов, чтобы описать его необычный вид.

Но люди в этой комнате — ох, это было для меня потрясение, заставившее меня вскрикнуть. Но потом я подумал, что это, скорее всего, искажение, вызванное какими-то фокусами этого искусственного зрения, которое они дали — нет, одолжили — мне.

Один человек стоял возле какой-то машины. Я думаю, он был вдвое выше самого высокого проктора. Его рост достигал, наверное, четырнадцати футов, его голова была невероятной конической формы, напоминающей острый конец яйца. Она была совершенно лысой и громадных размеров. На нем была особая зеленоватая мантия — кстати, они все были в зеленоватых одеждах, — которая закрывала его от шеи до щиколоток и, как это ни странно, — руки до самых запястий.

Когда я посмотрел на эти руки и увидел, какая на них кожа, я испугался. Потом, когда я рассмотрел всех остальных, я обнаружил у всех это странное покрытие на руках и стал думать, имеет ли это какое-то религиозное значение или же они считают меня нечистым и боятся чем-нибудь от меня заразиться?

Наконец я отвел взгляд от этого гиганта. В комнате находились двое, которые, насколько я мог судить по их очертаниям, были особами женского пола. Одна из них была очень темной, другая очень светлой. Волосы одной были вьющимися, тогда как у другой были белые прямые волосы. Но у меня никогда не было опыта общения с женщинами, поэтому мы не будем о них говорить.

Обе женщины пристально смотрели на меня, потом одна из них протянула руку в направлении, куда я еще ни разу не взглянул. Там я увидел наиболее невероятную вещь — карлика, гнома, его тело было маленьким, как тело пятилетнего ребенка. Но его голова! Его голова была огромной — огромный череп, полностью лишенный волос.

Вообще ни на каких частях его тела, которые были мне видны, не было и следов растительности. Подбородок был маленький, очень маленький, а рот совсем не был похож на наш — это было скорее треугольное отверстие. Нос был хрупким, а не выступающим, подобно горному кряжу. Совершенно очевидно, он был самой важной персоной, потому что все остальные выполняли все его указания с большой почтительностью и уважением.

Но потом женщина опять сделала движение рукой, и я услышал, как человек, которого я до сих пор не замечал, заговорил на моем языке.

— Посмотри вперед, — сказал он. — Ты видишь себя?

— После этого говорящий попал в поле моего зрения. Он казался наиболее нормальным из всех присутствующих, одет он был так, как будто был купцом, возможно, купцом из Индии, так что ты можешь себе представить, насколько нормально он выглядел.

Он прошел вперед и указал на какое-то очень блестящее вещество. Я стал всматриваться в него, по крайней мере, мне казалось, что я это делаю, но мое зрение находилось вне меня. У меня не было глаз, так что где они должны были положить вещь, которая была бы мне видна? Но потом я увидел: на маленьком подносе, прикрепленном к этой странной металлической скамейке, на которую я облокачивался, я увидел что-то вроде коробочки.

Я засомневался, как я могу видеть вещь, если она является именно тем, с помощью чего я могу видеть, когда вдруг понял, что то, что находится передо мной, эта блестящая вещь — особый вид рефлектора.

Тот из присутствующих, который казался наиболее нормальным, начал медленно передвигать рефлектор, меняя его угол или наклон, и вдруг я ощутил ужас и впал в оцепенение — я увидел себя лежащим на платформе. Я видел себя, как перед тем, как у меня отняли глаза. Раньше, когда я подходил к кромке воды и наклонялся, чтобы напиться, я видел свое отражение в спокойной водной поверхности, поэтому я смог себя узнать. Но здесь, в этой отражающей поверхности, я видел изнуренную фигуру, которая, казалось, находится при смерти. Руки и лодыжки были обвиты ремнями. От этих ремней вели странные трубки — куда, мне не было видно. Такая же трубка торчала из ноздри, она была подведена к какой-то прозрачной бутылочке, привязанной к металлическому стержню позади меня.

Но голова, голова! Вот что труднее всего мне было увидеть и сохранить при этом спокойствие. Из головы, как раз надо лбом, выступали кусочки металла, а из этих выступов, казалось, тянулись струны. Струны вели главным образом к коробочке, которую я успел заметить на маленьком металлическом подносе позади себя.

Я представил себе, что они служат продолжением моего зрительного нерва, соединяющим его с этой черной коробочкой, но по мере того, как я смотрел, мой ужас все возрастал, я переставал видеть вещи вокруг себя, — я обнаружил, что все еще не могу двигаться, не могу даже пошевелить пальцем. Я мог только лежать и смотреть на эти странные вещи, которые происходили со мной.

Человек, выглядевший нормально, протянул руку к черной коробочке, и, если бы я мог двигаться, я бы стремительно уклонился. Я подумал, что он хочет засунуть пальцы в мои глаза, настолько сильной была иллюзия, но вместо этого он слегка передвинул коробочку, и мне предстало другое зрелище.

Я мог видеть, что происходит за спинкой платформы, на которой я отдыхал, я мог видеть еще двух людей, находящихся в комнате. Они выглядели довольно нормально, один был белый, другой желтый —

как монгол. Они молча, не моргая, смотрели на меня, как будто меня не замечая. Казалось, все это дело наводит на них скуку, и я, помню, подумал, что, будь они на моем месте, они вряд ли стали бы скучать.

Голос опять заговорил и я услышал:

— Ну вот, на некоторое время это будет твоим зрением. По этим трубкам ты получаешь питание, другие трубки предназначены для дренирования и выполнения остальных функций. Сейчас ты не можешь двигаться, так как мы опасаемся, что, если мы позволим тебе двигаться, ты можешь, обезумев, покалечить себя.

Мы лишили тебя возможности двигаться только для того, чтобы тебя защитить. Когда мы закончим, мы вернем тебя в какую-нибудь другую часть Тибета, твое здоровье поправится и ты будешь вполне нормальным человеком, за исключением того, что не сможешь видеть. Ты должен понять, что ты не сможешь взять с собой эту черную коробочку.

Он послал мне слабую улыбку и отступил назад, исчезнув из поля моего зрения.

Вокруг ходили люди, проверяя различные вещи. Здесь было множество странных круглых предметов, похожих на маленькие окна, закрытые тончайшим стеклом. Но за стеклами, казалось, не было ничего важного, за исключением маленьких стрелочек, которые двигались или указывали на какие-то непонятные знаки. Для меня в них не было никакого смысла. Я бросил на них беглый взгляд, но они были настолько выше моего понимания, что я прогнал мысль о них, как о чем-то совершенно непостижимом.

Время шло, а я продолжал лежать, не ощущая себя ни отдохнувшим, ни усталым, а скорее в состоянии стаза*, вообще лишенным способности что-либо чувствовать.

Конечно, я не страдал. Конечно, я больше так не волновался. Казалось, я ощущал слабые изменения в химических процессах своего тела, а потом в поле зрения этой черной коробочки я увидел, как кто-то поворачивает различные выступы на множестве стеклянных трубок, установленных в металлической подставке.

Когда человек повернул эти выступы, маленькие штучки за маленькими стеклянными окошечками изменили свое направление. Самый маленький человек, которого я принял за карлика, но который, казалось, был старшим, что-то сказал.

* Медицинский термин, означающий резкое замедление или остановку движения содержимого трубчатых органов тела. — Прим. перев.

Потом в моем поле зрения появился тот, кто разговаривал со мной на моем родном языке; он сказал, что теперь они уложат меня спать, потому что я должен отдохнуть, а после того как мне будет предоставлено питание и сон, они покажут мне то, что собирались показать.

Не успел он закончить свою речь, как мое сознание ушло, как будто его отключили. Потом я узнал, что это действительно так и было: у них имелось устройство, с помощью которого одним нажатием пальца можно было мгновенно и безболезненно отключать сознание.

Как долго я спал, я не знаю, у меня не было никакой возможности определить, который сейчас час или даже какой сегодня день.

Мое пробуждение было таким же мгновенным, как и переход ко сну: в одно мгновение я был без сознания — в следующее я полностью проснулся. К моему глубокому сожалению, мое новое зрение не работало. Я был так же слеп, как и прежде. Странные звуки достигали моих ушей — звон металла о металл, звяканье стекла, потом мягкий звук удаляющихся шагов.

Последовал звук скользящего металла, и на несколько минут стало тихо. Я лежал, размышляя, удивляясь странным событиям, которые внесли такой беспорядок в мою жизнь. Когда уже мрачные предчувствия и беспокойство достигли своего апогея, новые звуки отвлекли мое внимание.

До моего слуха донесся перестук шагов, коротких, стаккато. Шаги двух человек, сопровождаемые едва слышными голосами. Звуки усиливались и, наконец, повернули в сторону комнаты, где я находился. Опять послышался шум скользящего металла, и две женщины, так как по звукам я определил, что это были именно особы женского пола, направились ко мне, продолжая разговаривать высокими возбужденными голосами — обе говорили одновременно, во всяком случае, так мне казалось.

Они остановились по обе стороны от меня, потом — о ужас! — они сдернули с меня мое единственное покрывало. И я ничего не мог с этим поделать. Обессиленный, лишенный возможности двигаться, я был отдан на милость этих женщин. Я был таким же голым, как в день своего появления на свет. Голым, под внимательным взглядом этих незнакомых женщин. Я, монах, который ничего не знал о женщинах, который (сознаюсь в этом честно) до ужаса боялся женщин.

Старый человек умолк. Молодой монах с ужасом смотрел на отшельника, думая о том страшном унижении, которое довелось ему испытать.

На лбу старца, плотно обтянутом мертвенно-бледной кожей, появились капельки пота, когда он вновь переживал те ужасные времена.

Трясущимися руками он потянулся за своей чашей, в которую была налита вода. Сделав несколько глотков, он осторожно поставил чашу у себя за спиной.

— Но самое страшное было потом, — проговорил он, запинаясь, — молодые женщины перевернули меня на живот и вставили трубку в ту часть моего тела, которую не принято упоминать. В меня начала вливаться жидкость, и я почувствовал, что сейчас взорвусь. Потом меня безо всяких церемоний подняли, и я почувствовал под своей нижней частью холодный сосуд.

Я скромно умолчу о том, что произошло вслед за этим на глазах у этих двух женщин. Но это было только начало: они вымыли мое обнаженное тело, указывая с бесстыдной фамильярностью на самые интимные его части. Я весь горел, испытывая крайнее смущение. В меня воткнули острые металлические иглы, вытащили трубки из ноздрей и грубо вставили туда новые.

Затем натянули на меня какое-то одеяние, покрывшее меня от шеи до пят. Но этим не кончилось: начались болезненные манипуляции с моим черепом, и произошло еще много необъяснимых вещей, прежде чем на него наложили какое-то вязкое раздражающее вещество. Наконец застучали удаляющиеся шаги молодых женщин, хихикающих, как будто дьявол похитил их мозги.

Прошло еще много времени, прежде чем опять заскользил металл и ко мне приблизились более тяжелые шаги. Меня приветствовал Голос, говорящий на моем языке:

— Как ты теперь себя чувствуешь?

— Ужасно! — воскликнул я с чувством. — Ваши женщины раздели меня донага и надругались над моим телом самым неподобающим образом.

Казалось, мое замечание очень его развеселило. Если говорить честно, он разразился оглушительным хохотом, нисколько не щадя моих чувств.

— Мы должны были тебя вымыть, — сказал он, — должны были очистить твое тело и таким же способом накормить. Потом мы заменили все трубки и электроды простерилизованными. Порезы на твоем черепе требуют наблюдения и перевязки. Когда ты будешь от нас уходить, останутся только едва заметные рубцы.

Старый отшельник нагнулся к молодому монаху.

— Смотри, — сказал он, — вот пять рубцов у меня на голове.

Молодой монах поднялся и стал с глубоким интересом рассматривать череп старца. Да, на нем были отметины, каждая около двух дюймов длиной, выглядевшие как мертвенно-белые углубления на поверхности кожи.

«До чего же страшно, — подумал молодой человек, — подвергнуться таким испытаниям от рук женщин».

Он невольно вздрогнул и быстро вернулся на место, как будто ожидая нападения с тыла.

Отшельник продолжал свой рассказ.

— Меня не успокоили его заверения, наоборот, я спросил:

— Но почему надо мной так надругались женщины? Разве здесь нет мужчин, которым это можно было бы поручить?

Человек, взявший меня в плен, потому что именно так я к нему относился, опять засмеялся и ответил:

— Мой дорогой, нельзя быть столь не в меру стыдливым. Твое обнаженное тело само по себе ничего для них не значит. Мы здесь, когда свободны от исполнения своих обязанностей, большую часть времени проводим обнаженными. Тело — это Храм нашей Высшей Сущности, поэтому оно непорочно. У тех, кто не в меру стыдлив, похотливые мысли. Что касается женщин, которые о тебе заботились, то это медицинские сестры, и они специально обучены для выполнения такой работы.

— Но почему я не могу двигаться? — спросил я. — И почему вы не позволяете мне видеть? Ведь это ПЫТКА!

— Ты не можешь двигаться, — ответил он, — потому что ты можешь нечаянно выдернуть электрод и причинить себе вред. Или же повредить наше оборудование. Мы не можем позволить тебе слишком привыкать к тому, что ты опять видишь, потому что, когда ты покинешь нас, ты опять будешь слепым, и чем больше ты будешь здесь пользоваться зрением, тем больше ты будешь забывать ощущения, тактильные ощущения, которые развиваются у тех, кто лишен зрения.

Это будет мукой, если мы дадим тебе зрение на все время, что ты здесь, потому что потом ты будешь беспомощным. Ты здесь не для удовольствия, а для того, чтобы слышать и видеть и чтобы стать вместилищем знаний для того, кто придет после и кому ты передашь эти знания. Эти знания лучше было бы записать, но мы боимся, чтобы не повторилось то, что произошло со «Священным Писанием». Оно БУДЕТ написано на основании тех знаний, которые ты здесь получишь и потом передашь дальше. А пока помни: ты здесь находишься в НАШИХ целях, а не в своих.

В пещере наступила тишина. Старый отшельник умолк, а потом произнес:

— Давай сделаем небольшой перерыв. Я должен немного отдохнуть. А тебе нужно принести воды и подмести в пещере. Нужно смолоть ячмень.

— Можно, я сначала подмету твою внутреннюю пещеру, Почтенный? — спросил молодой монах.

— Нет, я это сделаю сам после того, как отдохну.

Он неохотно порылся в небольшой выемке в одном из камней, образующих стену пещеры.

— Когда больше восьмидесяти лет ешь только тсампу и ничего, кроме тсампы, — сказал он задумчиво, — возникает странное желание хоть раз попробовать другую пищу, пока я еще не ушел туда, где я не буду нуждаться ни в какой.

Он покачал своей белой старческой головой и добавил:

— Вполне возможно, потрясение, испытанное от новой пищи, могло бы меня убить.

С этими словами он побрел в свою часть пещеры, ту часть, куда молодой монах не должен был входить.

Молодой монах принес прочную расщепленную ветку, стоявшую у входа в пещеру, и начал энергично разрыхлять плотный песчаный пол пещеры. Соскребя затвердевший слой, он вымел все наружу и разбросал подальше, чтобы выметенный песок не мешал входу в пещеру.

Не чувствуя усталости, он несколько раз проделал трудный путь от озера к пещере, неся в подоле своей мантии столько песка, сколько мог поднять. Он заотливо посыпал весь пол пещеры свежим песком и аккуратно его притоптал. Еще шесть ходок к берегу озера — и было принесено достаточно песка, чтобы привести в порядок пол во внутренней пещере старого отшельника.

В дальнем конце пещеры находился гладкий куполообразный камень с углублением, которое образовала в нем вода тысячелетия назад. Юноша зачерпнул две горсти ячменя и, готовясь его измельчить, всыпал в это углубление. Лежащий рядом тяжелый круглый камень был, по всей вероятности, инструментом, который использовался для этой цели.

С некоторым усилием молодой монах поднял камень, удивляясь, как такой старый человек, как отшельник, слепой и ослабленный постоянными лишениями, мог с ним управляться. Но ячмень, уже поджаренный, необходимо было смолоть.

Опустив камень, который издал глухой звук, он несколько раз повернул его, прежде чем опять поднять для загрузки следующей порции. Он монотонно продолжал свою рабоуу, засыпая порцию ячменя, поворачивая камень, чтобы помельче перемолоть зерна, вычерпывая полученную муку и загружая следующую порцию. Плюх! Плюх! Плюх!

Наконец, почувствовав боль в руках и в спине, он решил, что теперь достаточно. Протерев песком углубление и камень, чтобы удалить прилипшие зерна, он старательно собрал перемолотый ячмень в старую коробку, которая предназначалась для этих целей, и устало двинулся к выходу из пещеры.

Позднее послеполуденное солнце еще светило достаточно ярко, и было довольно тепло. Молодой монах лег на камни и стал указательным пальцем лениво перемешивать свою тсампу. На соседнюю ветку уселась маленькая птичка и, склонив головку, с нахальной самоуверенностью наблюдала за всем вокруг. Над гладью озера мелькнула большая рыба, выпрыгнувшая, по-видимому, чтобы схватить низко пролетавшее насекомое. Под корнями соседнего дерева какой-то грызун усердно рыл норку, не обращая никакого внимания на молодого монаха.

Путь горячим солнечным лучам вдруг преградила набежавшая туча, и молодой монах вздрогнул, внезапно ощутив холод. Поднявшись на ноги, он ополоснул свою чашу и тщательно отполировал ее песком. Птичка, тревожно вскрикнув, улетела, а грызун стремительно бросился за ствол ближайшего дерева и своими блестящими, похожими на бусинки глазами наблюдал за происходящим. Спрятав чашу в своей мантии, молодой монах поспешил в пещеру.

В пещере сидел старый отшельник, но уже не прямо, а облокотясь спиной о стену.

— Мне хотелось бы еще раз почувствовать тепло костра, — сказал он, — последние шестьдесят лет или даже больше у меня не было возможности развести костер. Не разведешь ли ты его для меня, и тогда мы с тобой устроимся у входа в пещеру?

— Непременно, — ответил молодой монах. — Есть у вас кремень и древесная труха?

— Нет, у меня нет ничего, кроме моей чаши, моей коробки для ячменя и двух моих мантий. У меня нет даже одеяла.

Молодой монах набросил свое потрепанное одеяло на плечи старца и вывел его наружу.

Недалеко от пещеры обрушилась скала, и вся земля вокруг была усыпана осколками породы. Молодой монах тщательно отобрал два круглых кремня, которые удобно размещались в его ладони. Чтобы проверить их, он чиркнул камнем о камень и был вполне удовлетворен, когда после первой же попытки увидел тонкую струйку искр.

Положив оба кремня в карман своей мантии, он направился к засохшему дереву с большим дуплом внутри, в которое, очевидно, еще много лет назад ударила молния. Он долго что-то исследовал и соскребывал внутри дупла и наконец набрал полные горсти белой, совершенно высохшей древесины, прогнившей и измельченной в тонкий порошок. Осторожно спрятав его в карман своей мантии, он стал собирать сухие хрупкие ветки, которыми был усыпан грунт под деревом.

Нагруженный так, что его силы подверглись серьезному испытанию, он медленно отправился обратно и с благодарностью сложил свой груз перед входом в пещеру, выбрав место таким образом, чтобы ветер, если он вдруг подует, не смог наполнить пещеру дымом.

Затем он выкопал небольшую ямку в песчаном грунте и, отложив свои кремни и сухие прутья, сначала сложил маленькие веточки крест-накрест и высыпал на них прогнившую древесину, которую перед этим мял и перетирал в руках до тех пор, пока она не превратилась в муку. Потом он нагнулся и, взяв в каждую руку по кремню, провел ими друг по другу — и на прогнившее дерево опустилась первая маленькая струйка искр.

Он повторял свои попытки еще и еще раз, пока в конце концов не появился маленький огонек. Тогда он лег на землю и осторожно — о, как осторожно — подул на драгоценную искру. Она медленно разгоралась. Медленно росло крошечное яркое пятнышко, пока наконец молодой человек не смог протянуть руку и положить вокруг него маленькие сухие веточки. Он продолжал дуть, пока не увидел, как настоящее пламя вспыхнуло и побежало по сложенным веткам.

Молодая мать так не заботится о своем первенце, как заботился о костре молодой монах. Постепенно огонь разгорался и становился ярче. Наконец, торжествуя, он стал подбрасывать в огонь все более крупные ветки, которые сразу же загорались ярким пламенем. Юноша отправился в пещеру за старым отшельником.

— Почтенный, — обратился он к нему, — твой костер готов, могу я тебе помочь?

Он вложил в руки старца крепкую палку и, помогая ему медленно подняться на ноги, обхватил рукой высохшее тело и повел старца наружу, где устроил его рядом с костром так, чтобы на него не попадал дым.

— Я пойду насобираю еще дров на ночь, — сказал молодой монах, — но сначала я отнесу эти кремни и древесную труху в пещеру, чтобы они остались сухими.

С этими словами он поправил одеяло на плечах пожилого человека, поставил рядом с ним воду и взял кремни и древесную труху, чтобы спрятать их рядом с коробкой для ячменя.

Выйдя из пещеры, молодой монах подбросил еще дров в огонь и, убедившись, что старому человеку не угрожают случайные языки пламени, направился к месту стоянки, которое обычно использовали проходящие мимо купцы.

«Они должны были оставить немного дров», — подумал он.

Но нет, они вообще не оставили дров. Но зато они забыли металлический сосуд. Очевидно, он упал незамеченным, когда нагружали яков или когда они уже отправлялись в путь. Возможно, другой як нечаянно толкнул этот сосуд, и он свалился со скалы. Теперь он оказался настоящим сокровищем для молодого монаха. Теперь можно подогреть воду! Под жестянкой лежал крепкий металлический прут. Молодой человек не мог даже предположить, для чего он предназначен, но он был убежден, что для чего-нибудь он обязательно пригодится.

Усердно обшаривая грунт под деревьями, он вскоре собрал приличную вязанку дров. Делая ходку за ходкой, он стаскивал к пещере ветки, приносил палки. Ничего не говоря старому отшельнику о своей находке, он хотел сначала установить ее и доставить полное удовольствие старому человеку, предложив ему горячей воды. Чай у него был, купцы ему дали немного, но до сих пор здесь не было возможности нагреть воду.

Последняя охапка дров была слишком легкой, продолжать походы стало бесполезно. Молодой монах бродил вокруг, ища подходящую ветку. В зарослях у кромки воды он увидел вдруг кучу тряпья. Как она оказалась здесь, он не знал. Удивление всегда подталкивает желание. Он направился к куче, чтобы поднять ее, и в ужасе отскочил, когда она застонала!

Нагнувшись, он увидел, что «куча» была человеком, настолько тощим, что в это просто невозможно было поверить. На его шею была надета деревянная колодка, по обе стороны которой торчали деревянные пластины около двух с половиной футов длиной. Они были разделены на две половины, которые с одной стороны соединялись с помощью петли, а с другой находился крюк с висячим замком. Внутри дерево было обточено по форме шеи владельца. Человек казался живым скелетом.

Молодой монах опустился на колени и прополз вдоль зарослей, потом, поднявшись на ноги, он поспешно нагнулся к воде и наполнил свою чашу. Быстро возвратившись к лежащему человеку, он стал осторожно капать воду в его приоткрытый рот. Человек вздрогнул и открыл глаза. Увидев склонившегося над ним монаха, он обрадовался.

— Я пытался пить, — прошептал он, — и упал в воду. Я доплыл до этого берега и чуть не утонул. Я несколько дней находился в воде и только недавно смог выбраться из нее.

Он замолчал, исчерпав все свои силы. Молодой монах дал ему еще воды, а потом — воды, смешанной с ячменной мукой.

— Вы могли бы снять с меня эту штуку? — спросил человек. — Если зажать обе половины этого замка между камнями, они отскочат.

Молодой монах поднялся на ноги и направился к озеру в поисках двух подходящих камней. Вернувшись, он положил больший камень под один конец колодки и с силой ударил по нему другим камнем.

— Попытайся с другого конца, — сказал человек, — и бей там, где проходит эта ось. Постарайся с силой ее сбить.

Молодой монах осторожно развернул замок и стал наносить по нему тяжелые удары, как посоветовал этот человек. Потянув его потом вниз, он был вознагражден за свои старания ржавым скрипом — замок поддался. Он осторожно развел деревянные пластины и освободил шею незнакомца, которая была так натерта, что из нее сочилась кровь.

— Это мы используем для костра, — сказал молодой монах, — жаль было бы выбрасывать дерево.

ГЛАВА ТРЕТЬЯ

Какое-то время молодой монах сидел на земле, поддерживая голову ослабевшего человека, и пытался накормить его тсампой. Наконец он поднялся и сказал:

— Я должен отнести тебя в пещеру старого отшельника.

С этими словами он взвалил человека себе на плечи, лицом вниз, перебросив его, как свернутое одеяло. Шатаясь от тяжести, юноша пересек небольшую рощицу и вышел на каменистую тропу, ведущую к пещере. Наконец, проделав путь, который показался ему бесконечным, он добрался до костра, разложенного перед пещерой старого отшельника. Там он осторожно опустил свою ношу на землю.

— Почтенный, — сказал он, — я нашел этого человека в зарослях на берегу озера. На шее у него была колодка, и он был очень слаб. Я снял колодку и принес его сюда.

Взяв в руки ветку, молодой монах стал шевелить костер, искры дружно взлетели вверх и воздух наполнился приятным запахом горящего дерева. Прервав свое занятие, чтобы подбросить еще дров, он повернулся к старому отшельнику.

— Колодка, говоришь? — сказал старый отшельник. — Это значит, что он преступник, но что может здесь делать преступник? Но не имеет значения, кто он, если он болен, мы должны сделать все, что в наших силах, чтобы помочь ему. Может ли человек говорить?

— Да, Почтенный, — произнес человек слабым голосом. — Мое здоровье слишком плохо, чтобы мне можно было помочь физически, я нуждаюсь в духовной помощи, чтобы я мог умереть спокойно. Могу ли я говорить с вами?

— Конечно, — ответил старый отшельник. — Говори, а мы будем слушать.

Больной человек смочил губы водой, которую подал ему молодой монах, прочистил горло и начал свой рассказ.

— Я был преуспевающим серебряных дел мастером в городе Лхаса. Дела шли хорошо, приходили заказы даже из монастырей. А потом — о горе, горе! — появились индийские купцы и принесли с собой множество дешевых вещей с индийских базаров. Эти вещи они называли «массовым производством». Плохие, дешевые поделки! Дела мои пошли хуже. Денег стало недостаточно. Моя жена не захотела терпеть бедность и пошла в постель к другому. В постель богатого купца, который спал с ней еще до того, как она вышла за меня замуж. Купца, который пока выдерживал конкуренцию с индийцами. Никто не мог мне помочь. Никто обо мне не заботился и не было у меня никого, о ком бы мог заботиться я.

Он умолк, поглощенный своими горькими мыслями. Старый отшельник и молодой монах хранили молчание, ожидая, когда он продолжит рассказ. Наконец человек заговорил опять.

— Конкуренция усиливалась, появились люди из Китая, которые привезли на яках еще более дешевые товары. Мой бизнес совсем прекратился. Тот ограниченный выбор, который я мог предложить, больше никого не интересовал. Наконец ко мне явился купец из Индии и предложил оскорбительно низкую плату за мой дом и все, что в нем находилось. Я отказался, а он стал насмехаться надо мной, говоря, что скоро он получит все это даром. Я был голоден и зол, я вышел из себя и вышвырнул его из своего дома. Он упал, ударившись головой, и разбил висок о случайно подвернувшийся камень.

Бедный человек опять умолк, поглощенный своими горькими мыслями. И опять двое других хранили молчание, ожидая, что он скажет дальше.

— Меня окружила толпа, — продолжал он, — одни осуждали меня, другие выражали свое одобрение. Вскоре меня потащили к судье, и люди стали рассказывать, что произошло. Одни меня защищали, другие были против меня. Недолго думая, судья приказал на год надеть мне на шею колодку. Тут же появилось это устройство и его водрузили на мою шею. С ним я не мог сам ни есть, ни пить, я всегда зависел от милости других. Я не мог работать и вынужден был отправиться странствовать, прося не только о том, чтобы мне дали поесть, но и чтобы кто-нибудь покормил меня. Я не мог даже лечь, все приходилось делать стоя или сидя.

Он выглядел еще более ослабевшим, и казалось, вот-вот потеряет сознание.

— Почтенный, — сказал молодой монах, — я нашел металлический сосуд на том месте, где останавливались купцы. Я схожу за ним и тогда смогу приготовить чай.

Быстро поднявшись, он поспешил туда, где оставил сосуд, металлический прут и колодку, снятую с шеи несчастного. Немного подумав, юноша обшарил подлесок, окружавший место бывшего лагеря, и нашел крюк, который, по всей вероятности, был частью найденного металлического сосуда. Он тщательно очистил сосуд песком, потом наполнил его водой и опять отправился вверх по тропинке, неся жестянку с водой, крюк, железный прут и колодку. Вскоре он уже был на месте, где с великой радостью бросил тяжелую колодку прямо в огонь. Искры взметнулись вверх, сопровождаемые клубами дыма, а через отверстие для шеи поднялся сплошной огненный столб.

Молодой монах сходил в пещеру и принес оттуда свертки, недавно полученные от купцов, брикет чая; большой, очень твердый кусок ячьего масла — пыльный, уже немного прогоркший, но в нем еще можно было узнать масло, и редкое угощение — небольшой мешочек коричневого сахара.

Снаружи, при свете огня, он осторожно продел гладкую палку через крюк, на который повесил найденный сосуд, и установил жестянку в самом центре костра. Вытащив палку, молодой человек аккуратно поставил ее сбоку. Чайный брикет был уже измельчен, поэтому он выбрал несколько самых маленьких комочков и бросил их в воду, которая к тому времени успела нагреться. Отыскав острый плоский камень, юноша отделил четвертую часть от твердого масляного бруска. Его он опустил в уже кипящую воду, чтобы масло расплавилось и растеклось по поверхности тонкой желтоватой пленкой.

Для того чтобы улучшить запах, он добавил туда маленький комочек буры, отломав от большего комка, который хранился в мешочке для чая, а затем — о, удивительное лакомство! — всыпал полную горсть коричневого сахара. Воспользовавшись палочкой, с которой он старательно ободрал кору, молодой монах тщательно перемешал всю массу. Теперь, когда вся поверхность покрылась паром, он, подсунув палку под крюк, снял жестянку с огня.

Старый отшельник с большим интересом следил за этим процессом. По доносящимся до него звукам он мог определить каждый этап приготовления чая. Теперь же, не задавая никаких вопросов, он протянул свою чашу. Молодой монах взял ее и, сняв с варева пену, состоящую из грязи и мелких веточек, наполовину наполнил чашу старого отшельника и заботливо вернул ее обратно.

Преступник прошептал, что его чаша находится в его лохмотьях. Взяв у него чашу, молодой монах наполнил ее доверху, зная, что зрячий ничего не прольет. Потом он наполнил свою и опустился на землю, чтобы выпить ее с полным удовлетворением, которое всегда приходит к тому, кто как следует потрудился для другого. Какое-то время все сидели молча, поглощенные своими мыслями. Время от времени молодой монах поднимался, чтобы наполнить чаши своих сотрапезников или свою собственную.

Сгущалась вечерняя тьма, налетали порывы холодного ветра, заставляя листья деревьев шумно выражать свой протест. Вода в озере стала серой, на поверхности появилась рябь, донеслись вздохи волн, перебирающих прибрежную гальку. Молодой монах осторожно взял за руку старого отшельника и повел его в пещеру, где было уже совсем темно, потом вернулся за больным человеком. Когда молодой монах поднял его, тот быстро проснулся.

— Я должен говорить, — сказал он. — Во мне осталось слишком мало жизни.

Молодой монах внес его внутрь пещеры, выгреб в песке углубление для его тазовых костей и насыпал холмик под голову. Потом он вышел наружу и забросал костер песком, чтобы притушить огонь и чтобы ночью костер не дымил. К утру угли останутся еще красными, и ему не составит труда снова разжечь сильный огонь.

Когда три человека, один очень старый, второй средних лет и третий, едва достигший зрелости, кто сидя, кто лежа, устроились рядом, преступник заговорил опять.

— Мое время подходит к концу, — сказал он. — Я чувствую, что мои предки уже готовы приветствовать меня и пригласить домой. В течение года я страдал и испытывал страшный голод. В течение года я ходил из Лхасы в Пхари и обратно в поисках пищи, в поисках помощи. Я встречал великих лам, которые отвергали меня с презрением, и таких, которые были добры ко мне. Я встречал скромных людей, которые не отказывали мне в подаянии, хотя сами оставались голодными. В течение года я бродил, как самый бедный кочевник. Я сражался с собаками за объедки — а потом обнаруживал, что они все равно не могут попасть ко мне в рот.

Он умолк и сделал глоток холодного чая, который стоял рядом с ним, уже загустевший от застывшего масла.

— Но как ты добрался до нас? — спросил старый отшельник своим дрожащим голосом.

— Я находился на берегу озера, очень далеко отсюда, и нагнулся, чтобы напиться воды. Тяжелая колодка на моей шее перевесила меня, и я упал в воду. Сильный ветер гнал меня по поверхности озера. Так прошли ночь, день, еще одна ночь и еще один день. Птицы садились на колодку и пытались выклевать мне глаза, но я отпугивал их своими криками. Я продолжал двигаться с большой скоростью, пока не потерял сознание. Не знаю, сколько времени я плыл. Сегодня утром мои ноги вдруг уперлись в твердое дно, и я поднялся. Высоко надо мной описывал круги голодный гриф. Я с трудом вскарабкался на берег и упал головой в заросли, где молодой отец и нашел меня. Я слишком устал, мои силы на исходе, скоро я отправлюсь в Небесные Поля.

— Отдохни эту ночь, — сказал старый отшельник. — Духи ночи не спят. Мы должны совершить наше астральное путешествие, пока еще не слишком поздно.

Опершись на свою крепкую палку, он поднялся на ноги и, прихрамывая, отправился во внутреннюю часть пещеры. Молодой монах дал больному человеку немного тсампы, устроил его поудобнее, потом лег сам, обдумывая события прошедшего дня, и вскоре уснул.

Луна поднялась на полную высоту и величественно плыла по небу. Одни ночные звуки сменялись другими. Гудели и жужжали какие-то насекомые, издали доносились пронзительные крики напуганной птицы. Со стороны гор было слышно потрескивание — это скалы остывали и сжимались в холодном ночном воздухе. Потом тишину ночи прорезал гром близкого камнепада — обломки породы с грохотом ударялись о плотно слежавшуюся землю. Ночные грызуны настоятельно звали своих самок, а какие-то неизвестные существа шелестели и жужжали среди перешептывающихся песков. Постепенно звезды начали бледнеть и вскоре первые лучи возвестили о наступлении нового дня.

Внезапно молодой монах вскочил, как от удара электрического тока. Он сидел, полностью проснувшись, тщетно всматриваясь, пытаясь взглядом пронзить окружающую его тьму. Затаив дыхание, он стал прислушиваться. Никакие грызуны не могли сюда прийти, думал он, все знают, что у старого отшельника ничего нет.

«Старый отшельник. Может, он заболел», — забеспокоился юноша. Поднявшись на ноги, он осторожно направился в конец пещеры.

— Почтенный! С тобой все в порядке? — спросил он.

Голос старца был взволнованным.

— Да, но, может быть, что-нибудь случилось с нашим гостем?

Молодой монах почувствовал смущение — он совсем забыл о преступнике. Развернувшись, он поспешил к выходу из пещеры, который слабым серым пятном вырисовывался на фоне ее темных стен. Да, хорошо защищенный костер был еще жив. Схватив палку, молодой человек воткнул ее прямо в сердце кострища и начал дуть.

Показался огонь, и он подбросил свежих веток в пробуждающееся пламя. Конец воткнутой им палки быстро загорелся. Захватив факел, юноша поспешно вернулся в пещеру.

Вспыхнувшая головешка посылала на стены пещеры таинственные тени, которые устроили там безумную пляску. Когда молодой монах увидел фигуру, вырисовывающуюся в слабом свете факела, он вздрогнул. Но это был старый отшельник.

У ног молодого монаха, свернувшись калачиком, подтянув ноги к груди, лежал преступник. В его широко раскрытых глазах отражался дрожащий свет факела, и казалось, что он кому-то подмигивает. Тоненькая струйка засохшей крови, выходящая из уголков открытого рта, стекала по щекам и собиралась в маленькие лужицы в его ушных раковинах. Внезапно послышались громкие булькающие звуки, тело спазматически дернулось, как бы отвешивая последний поклон, потом, сделав энергичный выдох, полностью расслабилось. Конечности стали безвольными, лицо вялым.

Старый отшельник вместе с молодым монахом отслужили Службу Освобождения Уходящих Духов и дали телепатическое направление его дороге в Небесные Поля. Снаружи разгорался свет нового дня. Птицы своим пением приветствовали его рождение, но здесь была смерть.

— Ты должен вынести тело, — сказал старый отшельник. — Тебе следует расчленить его на части и вынуть внутренности, чтобы грифы могли обеспечить его похороны.

— Но у нас нет ножа, Почтенный, — запротестовал молодой монах.

— У меня есть нож, — ответил старый отшельник, — я храню его для того, чтобы можно было организовать мои похороны. Вот он. Выполняй свой долг, потом вернешь его мне.

С большой неохотой молодой монах поднял мертвое тело и понес его вон из пещеры. Рядом с камнепадом он обнаружил большую плоскую каменную плиту. Юноша поднял тело, положил его на плиту и снял с него грязные лохмотья. Высоко над головой он услышал удары тяжелых крыльев — первые грифы слетались на запах смерти.

Весь содрогнувшись, молодой монах всадил острие ножа в истонченную брюшину и ввел его внутрь. Из образовавшейся раны показались кишки. Он быстро захватил скользкие кольца и вытащил их наружу. Он разбросал на скале сердце, печень, почки и желудок. Подрезая мышцы и выкручивая суставы, он отделил руки и ноги.

Потом, весь окровавленный, он торопливо покинул ужасное место действия и стремительно бросился к озеру. Зайдя в воду, молодой монах, набрав полные горсти песка, долго и старательно скреб свое тело. Затем тщательно отмыл нож старого отшельника и тоже почистил его песком.

Теперь он весь дрожал от холода и пережитого потрясения. Ледяной ветер обдувал его обнаженное тело. Стекающие капли воды казались ему когтями смерти, скребущими его вздрагивающую кожу. Он быстро выскочил из воды и стал отряхиваться подобно тому, как это делают собаки.

Оказавшись на тропе, он пустился по ней бегом и только тогда почувствовал, как в его тело возвращается тепло. У входа в пещеру юноша поднял и надел свою мантию, которую предусмотрительно сбросил, чтобы не запачкать при расчленении мертвого тела. Уже собираясь вернуться в пещеру, он вдруг вспомнил, что его задача еще не закончена.

Медленно он развернул свои шаги к камню, где грифы уже сражались за лучшие кусочки. Молодой монах с изумлением обнаружил, как мало осталось от тела. Некоторые грифы удовлетворенно восседали на соседних скалах и мирно чистили свои перышки, другие старательно долбили клювами, в надежде еще что-то отыскать среди обнажившихся ребер. С головы они уже склевали всю кожу, оставив голый череп.

Подняв тяжелый камень, молодой монах с силой бросил его в череп, который раскололся, подобно яйцу и — что и требовалось — предоставил мозг на растерзание еще не насытившимся грифам. Затем, взяв лохмотья и чашу умершего человека, он быстро направился к костру и бросил то и другое в ярко горящее пламя.

Сбоку, уже раскаленные докрасна, лежали металлические части колодки — последнего и единственного напоминания о том, кто когда-то был богатым ремесленником, имевшим жену, дом и владевшим высоким мастерством. Размышляя об этом, молодой монах медленно повернулся и побрел в пещеру.

Старый отшельник сидел, предаваясь медитации, но сразу обернулся к приближающемуся ученику.

— Человек не вечен, человек хрупок, — сказал он. — Жизнь на Земле — это только иллюзия, а Великая Реальность лежит по ту сторону. Мы должны быстро покончить с этим и продолжить передачу Знаний, потому что пока я не расскажу тебе ВСЕ, я не смогу покинуть свое тело. А потом я хочу, чтобы ты проделал с ним то же, что только что сделал с телом нашего друга. Однако давай теперь поедим, потому что мы должны как можно лучше поддерживать свои силы. Принеси воды и нагрей ее. Теперь, когда мой конец так близок, я могу доставить своему телу это небольшое удовольствие.

Молодой монах поднял жестяной сосуд, вышел из пещеры и стал спускаться к озеру, старательно избегая того места, где он смывал с себя кровь умершего человека. Он тщательно почистил сосуд изнутри и снаружи. Так же тщательно почистил чашу старого отшельника, а потом свою.

Наполнив сосуд водой, он взял его в левую руку и отправился вверх по тропе, отклоняя правой преграждающие дорогу ветки. Одинокий гриф устремился вниз, чтобы посмотреть, что случилось. Тяжело приземлившись, он, прихрамывая, сделал несколько шагов, потом опять взмыл в воздух, резко вскрикнув, возмущенный тем, что его ожидания были обмануты.

Слева другой, объевшийся гриф тщетно пытался взлететь. Он разбегался, подпрыгивал и энергично молотил воздух крыльями — но он съел слишком много. Наконец, сдавшись, он стыдливо спрятал голову под крыло и сладко уснул, ожидая, когда Природа облегчит его вес.

Молодой монах усмехнулся от мысли, что даже гриф может съесть слишком много, и с тоской подумал, как хорошо было бы и ему иметь возможность съесть слишком много. Подобно всем монахам, он никогда не ел досыта, он всегда испытывал некоторый голод.

Однако время не ждало, нужно было приготовить чай. Поставив сосуд на огонь, чтобы нагрелась вода, он вошел в пещеру взять чай, масло, буру и сахар. Старый отшельник сидел, терпеливо дожидаясь.

Но нельзя долго сидеть за чаем, когда огонь жизни уже едва тлеет и когда жизненные силы пожилого человека медленно угасают. Старый отшельник заново пересматривал свою жизнь, пока молодой монах заботился об огне, драгоценном для Старца огне, после шестидесяти лет без огня, шестидесяти лет холода, крайнего самоотречения, голода и лишений, которым может положить конец только смерть. Лет, которые были бы полностью лишены смысла, если бы они не были скрашены теми знаниями, которые он нес в себе и передать которые было его ЗАДАЧЕЙ!

Молодой монах вернулся в пещеру и принес запах свежего древесного дыма. Он быстро опустился на землю перед своим учителем.

— Я отдыхал на этой странной металлической платформе, — продолжил свой рассказ старый человек, — в том далеком-далеком Месте так много лет назад. Человек, захвативший меня в плен, разъяснил мне, что я здесь нахожусь не для своего удовольствия, а для них, что я должен стать Хранилищем Знаний.

— Но как я могу проявлять разумный интерес, — сказал я ему, — если меня здесь держат как пленника, безвольного и безучастного пленника, который не имеет даже самого смутного представления о том, что его окружает или где он находится? Как могу я проявить какой-то интерес, если вы относитесь ко мне, как к праху у своих ног? Со мной обращаются хуже, чем мы обращаемся со своими умершими, отдавая их тела на съедение грифам. Мы выражаем свое уважение и мертвым и живым — вы относитесь ко мне, как к экскрементам, которые выбрасываются в поле без всяких церемоний. А еще вы утверждаете, что вы цивилизованные люди, хотя я и не знаю, что это означает!

Человек был явно потрясен, моя неожиданная вспышка произвела на него немалое впечатление. Я слышал, как он меряет шагами комнату. Вперед, потом скрип подошв, когда он на них разворачивался. Назад, потом опять вперед. Вдруг он остановился возле меня и сказал:

— Я должен проконсультироваться со старшим.

Он быстро двинулся прочь, и разговор его, по-видимому, был нелегким. До моего слуха доносилось «жжж-жжж-жжж», потом «хрр-хрр». Потом я услышал резкий металлический щелчок и стаккато звуков.

«Кто-то держит речь», — предположил я.

Приставленный ко мне человек говорил долго, издавая какие-то особые звуки. Понятно, это была дискуссия, которая продолжалась несколько минут. Со стороны машины донеслось щелканье, клацанье — и человек вернулся ко мне.

— Сначала я собираюсь показать тебе эту комнату, — сказал он. — Я собираюсь рассказать тебе о нас, кто мы такие, чем мы занимаемся, и, когда ты все поймешь, я рассчитываю на твою поддержку. Прежде всего, вот твое зрение.

Ко мне вернулся свет, ко мне вернулось зрение! Самое удивительное зрение: я видел нижнюю часть своего подбородка, я видел свои ноздри. Вид волосков внутри ноздрей почему-то меня развеселил, и я начал смеяться. Он наклонился ко мне — и один его глаз заполнил все поле моего зрения.

— О! — воскликнул он. — Кто-то опрокинул коробочку.

Мир вокруг меня завертелся, содержимое желудка взбунтовалось, и я почувствовал тошноту и головокружение.

— Ох, извини, — сказал человек. — Прежде чем переворачивать коробочку, я должен был ее выключить. Не волнуйся, через минуту ты почувствуешь себя лучше. Такое иногда случается.

Теперь я мог видеть себя самого. Это было ужасно — видеть свое распростертое тело, бледное и изнуренное, с выходящими из него трубками и всевозможными приспособлениями. Я испытал настоящее потрясение, увидев себя и свои плотно закрытые глазницы.

Я лежал на чем-то вроде тонкого листа металла, который держался только на одной опоре. К основанию этой опоры было присоединено множество педалей, а рядом со мной находился стержень, на котором висели стеклянные бутылочки, заполненные цветными жидкостями. Они тоже каким-то образом подсоединялись ко мне.

— Ты находишься на операционном столе, — сказал человек. — С помощью этих педалей, — он прикоснулся к ним, — мы можем придавать тебе любое нужное положение.

Он наступил на одну из них — и стол повернулся вокруг своей оси. Он прикоснулся к другой — и стол наклонился так сильно, что я испугался, что сейчас окажусь на полу. Еще одна педаль — и стол поднялся так высоко, что мой взгляд оказался под ним. Это было самое жуткое впечатление, оно вызвало очень странные ощущения в моем желудке.

Стены, очевидно, были покрыты металлом очень приятного зеленоватого цвета. Никогда раньше я не видел такого красивого металла, гладкого, без пятен, соединенного каким-то особым образом, потому что нигде не было никаких признаков этих соединений, даже там, где начинались или кончались стены, пол и потолок. Стены, если можно так выразиться, «перетекали» в пол или в потолок. Никаких острых углов, никаких острых кромок.

Вдруг одна часть стены заскользила в сторону, издавая то урчание, которое мне уже приходилось слышать. В проеме показалась странная голова, быстро осмотрелась вокруг и так же внезапно исчезла. Скользящая стенка закрылась.

На стене передо мной был расположен ряд маленьких окошечек, некоторые из них величиной в человеческую ладонь. Находящиеся за ними стрелки указывали на какие-то красные и черные метки. Мое внимание привлекло прямоугольное окно, размеры которого были чуть больше: от него исходило таинственное голубое свечение. На нем танцевали странные пятна света, образуя какую-то непостижимую картину, в то время как еще на одном окне извивалась вверх и вниз красно-коричневая линия, вырисовывая странные ритмические формы.

«Совсем как танцующая змея», — подумал я.

Человек — я буду называть его мой Пленитель, — заметив мой интерес, улыбнулся.

— Все эти инструменты — ТВОИ индикаторы, — сказал он. — Этот показывает девять волн, исходящих от твоего мозга. Девять отдельных синусоидальных колебаний, которые посылает твой мозг, отражаются на этом приборе. Они говорят о том, что ты обладаешь очень высоким интеллектом. Они показывают, что у тебя поистине замечательные способности к запоминанию, поэтому ты подходишь для выполнения этой задачи.

Очень осторожно повернув зрительную коробку, он указал на какую-то странную стеклянную посуду, которая до этого не попадала в мое поле зрения.

— Эти сосуды, — объяснил он, — служат для постоянного твоего кормления через вены и отвода продуктов жизнедеятельности из твоей крови. В эти отводятся другие ненужные продукты из твоего тела. Сейчас мы улучшим общее состояние твоего здоровья так, чтобы у тебя было достаточно сил противостоять шоку, который непременно последует, когда ты увидишь то, что мы собираемся тебе показать.

Шок будет обязательно, потому что, хотя ты и считаешь себя образованным священнослужителем, по сравнению с нами ты просто невежественный дикарь, и то, что для нас является банальным, тебе покажется чудом, в которое невозможно поверить, и даже первое знакомство с нашей наукой вызовет у тебя серьезный эмоциональный шок. И хотя мы делаем все возможное, чтобы свести его к минимуму, риск все же остается.

Он засмеялся и сказал:

— Проводя службы в своих храмах, вы поднимаете много суеты вокруг звуков тела — о, я все знаю о ваших службах! — но слышали ли вы НА САМОМ ДЕЛЕ звуки тела? Слушай! — Он подошел к стене и нажал белую блестящую кнопку. Мгновенно из множества мелких отверстий послышались звуки, которые я узнавал как звуки тела.

Улыбнувшись, он повернул другую кнопку — и звуки усилились и заполнили всю комнату. «Тук-тук-тук» — доходили звуки сердца такой громкости, что стоящие рядом со мной сосуды задребезжали в ответ. Новое прикосновение к кнопке — и звуки сердца смолкли, сменившись бульканьем жидкостей тела, но они были такими громкими, как звуки ревущего горного потока, стремящегося вниз по каменистому ложу в страстном желании как можно скорее достичь такого далекого моря. Донеслись вздохи газов, как будто штормовой ветер пробежал по листве огромных деревьев. Хлопки и всплески, как будто огромные валуны падали в глубокое-глубокое озеро.

— Твое тело, — сказал он. — Звуки твоего тела. О твоем теле мы знаем ВСЕ.

— Но господин Пленитель, — сказал я, — ЭТО не чудо, в ЭТОМ нет ничего удивительного. Мы, бедные невежественные дикари, здесь, в Тибете, можем делать то же самое. Мы тоже умеем усиливать звуки, правда, не так сильно, но тем не менее мы умеем делать это. Мы умеем также освобождать душу от тела — и принимать ее обратно.

— Вы умеете? — он посмотрел на меня насмешливо. — Тебя не слишком легко напугать, а? Ты думаешь, что мы твои враги, что мы захватили тебя в плен, да?

— Господин, — ответил я, — вы пока не проявили ко мне дружелюбия, я пока не вижу причины, почему я должен доверять вам или сотрудничать с вами. Вы меня держите как парализованную жертву, так, как это делают осы. Среди вас есть такие, кто кажется мне дьяволами: так мы изображаем чудовищ, которые появляются во время ночных кошмаров из какого-то враждебного мира. А здесь они сотрудничают с вами.

— Внешность может быть обманчивой, — ответил он. — Некоторые из них — добрейшие люди. Другие, имея наружность святого, пойдут на любой низкий поступок, который придумает их извращенный ум. И тебя, ТЕБЯ, подобно всем дикарям, вводит в заблуждение внешний вид человека!

— Сэр! — ответил я. — Я должен сначала решить, чему вы служите — добру или злу. Если добру — а я должен сначала в этом убедиться, — тогда, и только тогда, я буду с вами сотрудничать. Если это не так, я сделаю все, что смогу, чтобы разрушить ваши планы, чего бы мне это ни стоило.

— Но послушай, — возразил он, — ты же не будешь отрицать, что мы спасли тебе жизнь, когда ты умирал от голода и болезни?

С самым угрюмым выражением я ответил:

— Спасли мне жизнь — но ЗАЧЕМ? Я был на пути в Небесные Поля, а вы вернули меня обратно. Все, что вы делаете со мной теперь, совсем не похоже на добро. Зачем нужна жизнь слепому человеку? Как может слепой чему-то научиться? Пища, как я теперь буду добывать пищу? Нет! Продлить мою жизнь — это не добро. Вы сами утверждаете, что я нахожусь здесь не для своего удовольствия, а для каких-то ВАШИХ целей. Где же здесь добро? Меня привязали к этой платформе и я должен служить развлечением для ваших женщин. Добро? Все это вы называете добром?

Он внимательно смотрел на меня, положив руки на бедра.

— Хорошо, — сказал он наконец, — с твоей точки зрения, мы не добры, не так ли? Возможно, мне удастся тебя переубедить, в конце концов, сделать это действительно нужно.

Он повернулся и направился к стене. На этот раз я видел все, что он делает. Он остановился перед квадратом с множеством маленьких отверстий, потом нажал черную точку. Над дырчатым квадратом вспыхнул яркий свет, который превратился в светящийся туман. Потом, к моему величайшему изумлению, там появилось лицо и голова, окрашенные в настоящие цвета.

Человек, пленивший меня, какое-то время говорил на своем странном незнакомом языке, потом остановился. Я просто окаменел от изумления, когда увидел, как голова повернулась в мою сторону и густые брови поднялись кверху. В уголках его рта появилась слабая зловещая улыбка. Потом он вынес мне приговор на своем лающем языке, и свет поблек.

Туман закружился, как вода в водовороте, и как будто всосался назад в стенку. Мой Пленитель повернулся ко мне. Лицо его выражало удовлетворение.

— Хорошо, друг мой, — сказал он. — Ты доказал, что у тебя твердый характер, с таким упорным человеком нам еще не приходилось иметь дела. Я получил разрешение показать тебе то, что еще никто в вашем мире не видел.

Он опять вернулся к стене и с силой надавил на черное пятно. Опять образовался туман, но на этот раз на его фоне появилось женское лицо. Мой Пленитель что-то говорил ей, явно отдавая приказания. Она кивнула головой, с любопытством посмотрела в мою сторону и растаяла.

— Теперь нам придется несколько минут подождать, — сказал мой Пленитель. — Мне принесут специальное устройство, и я покажу тебе различные места из твоего мира. Города твоего мира. Что тебе больше всего хотелось бы увидеть?

— Я ничего не знаю о мире, — ответил я. — Мне никогда не приходилось путешествовать.

— Хорошо, но, может быть, ты слышал о каком-нибудь городе, — продолжал он увещевать меня.

— О да, — ответил я. — Я слышал о Калимпонге.

— О Калимпонге? Маленький индийский пограничный поселок. А тебе не приходит в голову лучшее место? Берлин, Лондон, Париж или Каир? Неужели ты не хочешь увидеть что-нибудь лучше Калимпонга?

— Но сэр, — ответил я, — меня совсем не интересуют те места, которые вы назвали. Их названия ничего мне не говорят кроме того, что я слышал, как купцы обсуждали эти места, но они ничего для меня не значат, и нет у меня к ним никакого интереса. Даже если я увижу их изображения, я не буду знать, правда это или нет.

Если это ваше удивительное приспособление умеет делать то, что вы говорите, покажите мне Лхасу, покажите мне Пхари. Я знаю эти города, и я смогу судить, показывает ли ваш прибор то, что есть на самом деле, или это просто хитроумный трюк.

Он посмотрел на меня с каким-то необычным выражением; казалось, он крайне изумлен. Потом он решительно взял себя в руки и воскликнул:

— О, неграмотный дикарь учит меня, как работать! И парень совершенно прав. В этой природной сообразительности что-то есть. Конечно, он должен получить отправные точки, иначе ничто не произведет на него впечатления. Хорошо!

Внезапно скользящая панель резко отодвинулась, и появились четыре человека, которые несли большой ящик. Ящик, казалось, плыл по воздуху. Он должен был быть довольно тяжелым, потому что, несмотря на то, что он плыл и казался невесомым, требовалось много усилий, чтобы заставить его двигаться или изменить направление, или остановиться.

Наконец ящик оказался в комнате, где я лежал. Сначала, пока они толкали и переворачивали его, я боялся, что они опрокинут мой стол. Один человек толкнул мою зрительную коробочку, и от ее вращательного движения у меня закружилась голова. Но наконец после долгих обсуждений ящик был водружен у стены, как раз на линии моего зрения. Трое вышли, и панель за ними закрылась.

Четвертый и мой Пленитель были увлечены оживленной дискуссией, они размахивали руками и энергично жестикулировали. Наконец мой Пленитель повернулся ко мне и произнес:

— Он говорит, что мы не сможем перенестись в Лхасу, потому что это слишком близко, мы должны находиться значительно дальше, чтобы иметь возможность навести фокус.

Я ничего не отвечал, вообще никак не реагировал на его заявление, и, немного подождав, он сказал:

— Хочешь увидеть Берлин? Бомбей? Калькутту?

— Нет, — ответил я, — не хочу, все они слишком далеки для меня!

Он опять повернулся к другому человеку, и между ними последовал разговор, теперь уже совсем желчный. Другой человек выглядел так, как будто он готов заплакать: он, отчаянно размахивая руками, в бешенстве бросался перед ящиком на колени. Передняя стенка ящика открылась, и я увидел, что там находится большое окно — и больше ничего.

Потом человек достал из своей одежды кусочек металла и пополз к задней стенке странного ящика. В окне ящика вспыхнул свет и завертелись бессмысленные цветные формы. Картина колыхалась, расцвечивалась, кружилась. Было мгновение, когда образовавшиеся тени напомнили Поталу, но потом опять все стало похоже на дым.

Человек выполз из-за ящика, что-то бормоча себе под нос, и быстро вышел из комнаты. Мой Пленитель, который выглядел очень недовольным, сказал:

— Мы находимся так близко от Лхасы, что не можем навести на нее фокус. Это все равно, что смотреть через телескоп, когда ты находишься ближе того расстояния, на который фокусируется этот инструмент. Здесь мы сталкиваемся с теми же трудностями. Тебе это понятно?

— Сэр, — ответил я, — мне ничего не понятно. Что такое этот телескоп, о котором вы упомянули? Я никогда его не видел. Вы говорите, что Лхаса слишком близко, я же знаю, что до нее нужно идти очень долго. Как же она может быть слишком близко?

На лице моего Пленителя появилось выражение страшной муки. Он вцепился в свои волосы, и на какое-то мгновение мне показалось, что он сейчас начнет качаться по полу. Затем он с усилием взял себя в руки и произнес:

— Когда у тебя были глаза, приходилось ли тебе подносить что-нибудь так близко к ним, что ты не мог этот предмет четко рассмотреть? Так близко, что твои глаза не могли сфокусироваться? ВОТ что я имею в виду, когда говорю, что МЫ НЕ МОЖЕМ СФОКУСИРОВАТЬСЯ НА ТАКОМ МАЛОМ РАССТОЯНИИ!!!

ГЛАВА ЧЕТВЕРТАЯ

Я смотрел на него, или, по крайней мере, чувствовал себя так, как будто я смотрю на него, потому что это самое трудное положение, в которое может попасть человек, когда его голова находится в одном месте, а его «глаза» — совсем в другом, на расстоянии нескольких футов от нее.

Как бы там ни было, я смотрел на него и думал: «Как же это может быть? Человек говорит, что он может показать мне города на другой стороне земного шара, и в то же время он не может показать мне мою собственную страну».

— Сэр, — сказал я ему, — не могли бы вы положить что-нибудь перед моей зрительной коробочкой, так чтобы я мог сам судить о такой фокусировке?

Он кивнул головой в знак согласия и огляделся вокруг, как будто обдумывая, что предпринять. Потом он достал из-под моего стола прозрачный лист, на который были нанесены какие-то странные знаки, знаки, каких я никогда раньше не видел. Очевидно, они предназначались для письма. Он взял несколько таких листов, а потом, по-видимому, к нему в голову пришла мысль, которая ему очень понравилась, потому что на лице его появилась довольная улыбка. Он спрятал предмет за спиной и приблизился к моей зрительной коробочке.

— Ну вот, мой друг! — воскликнул он. — Смотри, что мы сейчас сделаем, чтобы заслужить твое доверие.

Он что-то поместил перед моей зрительной коробочкой, очень близко от нее, и, к моему величайшему удивлению, все, что я увидел, было подернуто туманом, все очертания были смазаны. При этом одни расплывшиеся пятна были белыми, другие черными, но они ничего для меня не значили, абсолютно ничего.

Увидев мое выражение, он улыбнулся — я не мог видеть его улыбки, но я ее «слышал»: когда человек лишен зрения, у него развиваются другие чувства. Я мог слышать его лицо и поскрипывание мышц, а так как он часто перед этим улыбался, я уже знал, что доносящееся поскрипывание означает улыбку.

— Ага, наконец попали в точку, не так ли? Теперь смотри внимательно. Когда начнешь что-то различать, говори мне, что ты видишь.

Он очень медленно стал отводить неясные листы дальше, постепенно изображение становилось более четким, и наконец я с удивлением обнаружил, что это мое изображение. Я не специалист, чтобы объяснить, как получаются такие изображения, но там я действительно видел себя лежащим на столе и смотрящим на человека, который держал черную коробку.

Моя челюсть отвисла от изумления. Я, наверное, и правда был похож на неотесанного деревенского парня, во всяком случае, таким я себя ощущал. Я почувствовал, как жар приливает к моему лицу и мои щеки вспыхнули от смущения. Это был я, со всеми непонятными предметами, которые торчали из меня, это я наблюдал, как четыре человека управляются с ящиком, и выражение удивления на моем лице действительно поставило все на свои места.

— Хорошо, — сказал мой Пленитель, — по-видимому, суть ты уловил. Чтобы понять лучше, давай попробуем еще раз.

Он установил изображение так, чтобы я мог хорошо его видеть, и начал медленно передвигать его ближе к зрительной коробочке. Постепенно четкость изображения уменьшалась, пока опять не остались одни черные и белые пятна и ничего больше. Он отвел его в сторону, и я опять увидел комнату, в которой я находился. Он достал еще несколько листов и сказал:

— Ты, конечно, не сможешь этого прочесть, но смотри внимательно. Здесь напечатаны слова. Ты ясно их видишь?

— Я ясно их вижу, сэр, — ответил я. — Я действительно их вижу совсем ясно.

Тогда он поднес листок ближе к моей зрительной коробочке — и опять все расплылось.

— А теперь, — сказал он, — ты сможешь понять, в чем состоит наша проблема. У нас есть машина, или прибор, называй его как тебе больше нравится, — двойник твоей зрительной коробочки. Он значительно больших размеров, но принцип его действия абсолютно тот же. С его помощью мы можем видеть все вокруг всего земного шара, но не можем видеть ничего, что находится на расстоянии пятидесяти миль от нас. Пятьдесят миль — это слишком маленькое расстояние для него, точно так же, как расстояние в несколько дюймов мало для твоей зрительной коробочки — когда мы помещаем изображение на таком расстоянии, ты ничего не можешь разобрать. Сейчас я покажу тебе твой Калимпонг.

С этими словами он отвернулся и начал что-то проделывать с кнопками, расположенными на стене. Свет в комнате стал тусклым, он не исчез совсем, но потускнел так же, как тускнеет свет дня, когда солнце садится за Гималаи. Холодная тусклость, когда Луна еще не взошла, а солнечные лучи еще не окончательно погасли.

Он повернулся к задней стенке большого ящика, его руки что-то сдвинули, чего я не мог видеть. Тут же в ящике вспыхнул свет. Очень медленно начал вырисовываться пейзаж: высокие пики Гималаев, а на тропе — купеческий караван. Они как раз пересекали маленький деревянный мостик, под которым ревел стремительный поток, готовый сразу же поглотить любого, кто в него соскользнет. Купцы достигли другой стороны потока, и тропинка, петляя по горным пастбищам, повела их дальше.

Еще несколько минут мы наблюдали за ними, и вид был такой, какой может увидеть только птица, парящая высоко в небе, как будто кто-то из Богов Неба держит мою зрительную коробочку и осторожно плывет над неведомой местностью.

Мой Пленитель опять что-то покрутил — и все приобрело неясные очертания, какие-то предметы попадали в поле моего зрения и уходили дальше. Мой Пленитель повернул что-то в противоположном направлении — изображение стало устойчивым, но нет, это было уже не изображение, это была живая картина. Это было не изображение — это была реальность, это была истина. Это был взгляд вниз через небесное отверстие.

Внизу я видел дома Калимпонга, я видел улицы, на которых толпились купцы, я видел монастыри, где были ламы, одетые в желтые мантии, и где бродили монахи в красных мантиях.

Все это было очень странно. Мне было трудно точно определить место, потому что я только один раз был в Калимпонге, еще ребенком, и я видел Калимпонг с высоты человеческих глаз, с высоты роста маленького мальчика, стоящего на земле. Теперь же я видел его — да, я действительно его видел — с высоты птичьего полета.

Мой Пленитель внимательно за мной наблюдал. Он что-то передвинул — и изображение, или пейзаж, или как там еще назвать эту удивительную вещь, мгновенно расплылось и тут же установилось опять.

— Это, — сказал человек, — Ганг, который, как тебе известно, является Священной Рекой Индии.

Я много знал о Ганге. Иногда индийские купцы приносили журналы с его изображением. Мы не могли прочесть ни единого слова в этих журналах, но картинки — ах! — это было совсем другое! Да, передо мной, без сомнения, была настоящая река Ганг. К моему величайшему изумлению, она текла рядом со мной, так что я мог не только видеть ее, но и слышать.

Я услышал индийское песнопение, а потом увидел, откуда оно доносилось. Перед группой людей, стоящих на террасе на самом берегу реки, лежало тело, и люди опрыскивали его Священной Водой Ганга, прежде чем предать сожжению.

Река была окружена толпами людей и казалась совершенно изумленной тем, что их на свете так много. Женщины, потеряв всякий стыд, раздевались на ее берегах, но были там и мужчины. Меня бросило в жар от всего, что я увидел. Но потом я вспомнил об их Храмах, стоящих на высоких террасах, о Гротах и Колоннадах. И тут я увидел их. Я был потрясен. Все это существовало на самом деле, и я почувствовал смущение.

Мой Пленитель — потому что я обязан был помнить, это был человек, взявший меня в плен, — мой Пленитель что-то еще покрутил, и появились какие-то движущиеся пятна. Он внимательно вглядывался в окно, пока расплывчатые пятна, судорожно вздрогнув, не остановились.

— Берлин, — сказал он.

Да, я знал, что Берлин — это город, находящийся где-то далеко в западном мире, но все это было таким чужим, что мало о чем мне говорило. Я смотрел вниз и думал, что, может быть, это новая точка зрения все искажает. Здесь были высокие здания, удивительно однообразные по форме и размерам.

Я никогда в своей жизни не видел столько стекла, стеклянные окна были во всех домах. А по тому, что казалось хорошо укатанной дорогой, проходили две металлических полосы. Они были блестящими и были расположены на абсолютно одинаковом расстоянии друг от друга. Я не понимал, что это может быть.

Совсем близко я увидел двух лошадей, которые шли одна за другой и — вряд ли ты сможешь в это поверить — тащили за собой какой-то металлический ящик на колесах. Лошади шли между металлическими полосами, а металлический ящик ехал прямо по ним. В ящике были окна, окна со всех его сторон, и, внимательно всмотревшись в них, я увидел, что внутри ящика находятся люди.

Прямо перед моим зрением (я чуть было не сказал «прямо перед моими глазами» — настолько я уже привык к своей зрительной коробочке) странное устройство остановилось. Люди выходили из ящика, другие входили в него. Какой-то человек прошел вперед и ткнул в землю какой-то металлический стержень прямо перед первой лошадью. Потом он вернулся в металлический ящик и стал им управлять, и ящик повернул налево, перейдя с одного ряда полос на другой.

Я был настолько поражен тем, что увидел, что больше ни на что не мог смотреть, у меня больше ни на что не оставалось времени. Я видел только этот странный металлический ящик на колесах, в котором ехали люди. Но потом я стал смотреть по сторонам дороги, где тоже были люди. Они были одеты в удивительно тесные одежды. На их ноги было надето что-то совсем узкое, что подчеркивало все их очертания. Но самое удивительное было на голове каждого мужчины — какой-то предмет, напоминающий перевернутую вверх дном чашу с узким ободком вокруг. Это показалось мне самым забавным, потому что выглядели эти предметы очень необычно, но потом я перевел взгляд на женщин.

Я никогда не видел ничего подобного! У некоторых из них верхняя часть тела почти ничем не была прикрыта, но зато нижняя часть была чем-то обернута полностью, так что напоминала черную палатку. Казалось, у них вообще нет ног, не были видны даже ступни. Одной рукой они придерживали эту черную палатку сбоку, видимо, пытаясь уберечь ее нижнюю часть от пыли.

Я стал смотреть дальше. Теперь я рассматривал здания, некоторые из них были поистине величественными сооружениями. По улице, очень широкой улице, шла толпа людей. Слышалась музыка, которая доносилась от группы, идущей впереди. Они несли что-то блестящее, и я подумал, что их инструменты сделаны из золота и серебра, но когда они подошли ближе, я увидел, что инструменты были из меди или похожего на нее металла. Все это были крупные люди с красными лицами, и все они были одеты в какую-то военную униформу. Я прыснул от смеха, когда увидел, с каким важным видом они шагают. Они поднимали колени так, что бедра их располагались совсем горизонтально.

Мой Пленитель улыбнулся мне и сказал:

— Это действительно очень странный шаг, он называется «гусиный шаг», немецкие военные используют его для церемоний.

Мой Пленитель опять покрутил что-то на ящике, опять пошли движущиеся расплывчатые пятна, опять все за окном ящика растворилось в тумане, потом остановилось и приобрело твердые очертания.

— Россия, — сказал мой Пленитель, — страна царей. Это Москва.

Я посмотрел и увидел, что вся земля покрыта снегом. Здесь тоже были очень странные средства передвижения, таких я даже не мог себе представить. Лошади были впряжены в какую-то большую платформу, на которой находились сиденья. Эта платформа была поднята на высоту нескольких дюймов над землей с помощью чего-то такого, что напоминало металлические полосы. Это странное сооружение тащили лошади, и оно оставляло за собой вдавленный след на снегу.

Все были одеты в меха, и при дыхании из их ртов и ноздрей выходили облака замерзшего пара. Они, казалось, посинели от холода. Я стал рассматривать стоящие вокруг дома, удивляясь тому, насколько они отличаются от тех, которые я только что видел. Они были очень странные, их окружали высокие стены, а верхушки крыш за этими стенами имели форму луковиц, совсем как луковицы, перевернутые вверх ногами, корни которых устремлялись прямо в небо.

— Царский дворец, — сказал мой Пленитель.

Мое внимание привлек блеск водной поверхности, и я вспомнил нашу Счастливую Реку, которую я так давно не видел.

— Это Москва-река, — сказал мой Пленитель. — Эта река имеет очень большое значение.

По ней плыли странные деревянные суда с большими парусами, которые свисали с шеста. Дул очень слабый ветерок, так что паруса были вялыми, а у людей в руках были другие шесты с плоскими концами, которые они погружали в воду, заставляя двигаться судно.

Но я не видел во всем этом смысла, поэтому я обратился к своему Пленителю:

— Сэр, я вижу несомненное чудо, все это должно быть очень интересно, но в чем смысл всего этого, что вы хотите мне доказать?

Внезапная мысль пронзила мой мозг. Последние несколько часов что-то сверлило мое сознание, что-то, что теперь вырисовалось со всей четкостью.

— Сэр Пленитель! — воскликнул я. — Кто вы ? Вы Бог?

Он посмотрел на меня задумчиво, так как мой вопрос поставил его в тупик — это был, по-видимому, слишком неожиданный вопрос. Он потрогал свой подбородок, взъерошил волосы и слегка пожал плечами. Потом ответил:

— Тебе это трудно объяснить. Существуют некоторые вещи, которые невозможно понять, пока ты не достигнешь определенной ступени. Я попытаюсь ответить, задав тебе встречный вопрос. Если бы ты находился в монастыре и твоей обязанностью было наблюдать за стадом яков, что бы ты ответил яку, если бы он спросил тебя, кто ты есть?

Я подумал над тем, что он сказал, а потом ответил:

— Конечно, сэр, трудно себе представить, чтобы як задал мне такой вопрос, но если бы это случилось, я бы принял такой вопрос как доказательство того, что этот як — разумное существо, и мне было бы довольно трудно объяснить ему, кто я есть. Вы спрашиваете меня, сэр, как бы я прореагировал, если бы як задал мне такой вопрос, и я отвечу вам, что я постарался бы все объяснить этому яку самым наилучшим образом.

В тех условиях, о которых вы говорите, я должен был бы сказать ему, что я монах и что мне поручено наблюдать за этими яками и что я делаю все от меня зависящее для этих яков, что я отношусь к ним, как к моим братьям и сестрам, хотя мы и облечены в разные формы. Я объяснил бы этому яку, что мы, монахи, верим в реинкарнацию, я объяснил бы ему, что каждый из нас пришел на эту Землю, чтобы выполнить определенную задачу и выучить определенный урок так, чтобы, попав в Небесные Поля, мы могли подготовиться к путешествию на более высоком уровне.

— Ты очень хорошо говоришь, монах, очень хорошо, — сказал мой Пленитель. — Я искренне сожалею, что мне пришлось воспользоваться сравнением с существом более низкого порядка, чтобы получить чувство перспективы. Да, ты прав, монах, ты меня просто поразил проявленным пониманием и, должен признаться, своей непримиримостью, потому что ты оказался даже тверже, чем мог бы быть я, если бы, к своему несчастью, оказался в подобных условиях.

Теперь я почувствовал уверенность в себе, поэтому сказал:

— Вы относитесь ко мне как к существу низшего порядка. Сначала вы относились ко мне как к дикарю, необразованному, некультурному, лишенному всяких знаний. Вы смеялись надо мной, когда я искренне признался, что ничего не знаю о больших городах этого мира. Но, сэр, я говорил вам правду, я признавал свое невежество, но я хотел пролить на него свет, а вы не хотели мне в этом помочь.

Я опять обращаюсь к вам с просьбой, сэр: вы захватили меня в плен против моей воли, вы с большой свободой обращались с моим телом, Храмом моей Души, вы развлекли меня несколькими замечательными событиями, предназначенными для того, чтобы произвести на меня впечатление. Но на меня бы произвело еще большее впечатление, сэр, если бы вы ответили на мой вопрос, потому что я знаю, что я хочу узнать. Я опять спрашиваю вас — кто вы?

Некоторое время он стоял молча, как будто испытывая замешательство. Наконец он сказал:

— В вашем языке нет слов, нет понятий, которые позволили бы мне объяснить положение вещей. Прежде чем обсуждать какой-то предмет, необходимо, чтобы обе стороны одинаково понимали все термины, чтобы они согласились с определенными предварительными правилами. Сейчас я могу тебе только сказать, что я один из тех, кого можно сравнить с ламами-врачами из вашего Шакпори. Я наделен ответственностью наблюдать за твоим физическим телом и подготовить тебя к тому, чтобы ты мог получить знания, когда я буду убежден, что ты готов к этому.

Пока ты не получишь всех этих знаний, все разговоры о том, кто я есть или что я есть, бесполезны. Так что пока просто потарайся понять, что все, что мы делаем, делается для пользы других людей и что, хотя ты очень высоко ценишь то, что вы называете свободой, после того, как ты поймешь, какие цели мы преследуем, когда ты узнаешь, кто мы есть и кто есть ты и твой народ, ты изменишь свое мнение.

С этими совами он выключил мое зрение, и я услышал, как он вышел из комнаты. Меня опять окружала темная ночь моей слепоты, и я опять был один на один со своими мыслями.

Темная ночь для слепого — это поистине темная ночь. Когда я был лишен зрения, когда пять китайских пальцев выдернули мне глаза, я испытал агонию, и даже при отсутствии глаз я видел, или мне казалось, что я вижу, яркие вспышки, кружащиеся пятна света, лишенные всякой формы. Это вскоре прошло, но теперь к моему зрительному нерву был подсоединен прибор, и я мог ему доверять, у меня были все причины, чтобы доверять ему.

Мой Пленитель выключил мое зрение, но «последействие» осталось. Я опять переживал особые противоречивые ощущения потери чувствительности и покалывания в голове. Может показаться невероятным испытывать одновременно потерю чувствительности и покалывание, но именно это я ощущал, и я опять остался во власти своего онемения-покалывания и всех этих кружащихся пятен света.

Какое-то время я лежал, обдумывая все, что со мной произошло. У меня возникла мысль, что, скорее всего, я умер или сошел с ума, и все эти вещи не что иное, как вымыслы ума, покидающего мир сознания.

На помощь мне пришел мой опыт священнослужителя. Я воспользовался древней наукой переориентации своих мыслей. Я ОСТАНОВИЛ РАЗУМ и таким образом позволил взять верх своей Высшей Сущности. Это не воображение, это все РЕАЛЬНОСТЬ: меня используют Высшие Силы для Высших Целей.

Мой испуг и паника стали утихать. Ко мне вернулось самообладание, и какое-то время я лежал, предоставив своему мозгу следовать ударам моего сердца. Мог бы я вести себя иначе? Должен ли я соблюдать осторожность, принимая эту новую концепцию? Стал бы Великий Тринадцатый, окажись он в подобной ситуации, действовать иначе? Мое сознание было ясным, я понимал свой долг. Я должен продолжать вести себя так, как это делает хороший Тибетский Священнослужитель, и все будет хорошо.

Покой опустился на меня, я чувствовал, как блаженное состояние охватывает меня, подобно теплому одеялу из ячьей шерсти, которое защищает от холода. Незаметно для себя я погрузился в беззаботный сон, лишенный сновидений.

Мир сдвинулся. Казалось, все поднимается и падает. Четкое ощущение движения, а потом металлический лязг быстро вывели меня из моей дремоты. Я двигался, мой стол куда-то ехал. Вся стеклянная посуда, которая перемещалась вместе со мной, издавала мелодичное позвякиванье. Насколько я помнил, все эти предметы были присоединены к моему столу. Теперь все пришло в движение. Меня окружили голоса: высокие голоса, низкие голоса.

«Обсуждают меня», — со страхом подумал я.

Но что за странные голоса, так не похожие на все, что мне приходилось слышать! Мой стол двигался, но это было абсолютно бесшумное движение. Ни звуков скольжения, ни скрипа. Он как будто плыл.

«Так, — подумал я, — чувствует себя перо, несомое ветром».

Потом движение стола изменило свое направление. Очевидно, я двигался по коридору. Вскоре мы въехали в большой зал — эхо говорило о расстоянии, большом расстоянии. Качнувшись в последний раз, мой стол опустился на то, что, как подсказывал мне мой опыт, должно было быть каменным полом, но откуда он мог здесь взяться? Как я вдруг мог очутиться в пещере, о чем мне говорили мои ощущения? Будет ли наконец удовлетворено мое любопытство, или его будут разжигать все больше? Я ни в чем не мог быть уверен.

Последовало продолжительное обсуждение на всех языках, уже знакомых мне. Одновременно с лязгом, раздавшимся, когда мой металлический стол опустился на каменный пол, я почувствовал, как на мое плечо легла рука, и голос моего Пленителя произнес:

— Теперь ты опять получишь свое зрение, ты уже достаточно отдохнул.

Раздался скрип и щелканье. Вокруг меня закружился водоворот цветов, вспышек света, начали появляться неясные очертания, которые вскоре выстроились в определенную картину. Но это была картина, которую я не мог понять, картина, которая ничего для меня не выражала. Я лежал, обдумывая, что бы все это могло значить. Все молча выжидали. Потом последовал короткий, резкий, лающий вопрос.

Я услышал мягкие шаги своего Пленителя, приближающиеся ко мне.

— Ты ничего не видишь? — спросил он.

— Я вижу странную картину, — ответил я, — я вижу то, что ничего для меня не означает, какие-то волнистые линии, раскачивающиеся цветные пятна и вспышки света. Вот все, что я вижу.

Он что-то пробормотал и поспешил прочь. Я слышал, как они что-то обсуждали шепотом, потом донесся звук, который издают, соприкоснувшись, два металлических предмета. Вспышки света и цвета стали ярче. Все закружилось в безумном экстазе, потом остановилось — и я увидел.

Я находился в просторной пещере, не меньше двухсот футов высотой. Длину и ширину ее я не мог определить, потому что ее стены терялись в расплывающейся мгле за пределами моего поля зрения. Помещение было гигантских размеров, в нем было что-то похожее на амфитеатр, места которого были заполнены — как бы мне их лучше назвать? — созданиями, которые могли появиться только с картинок, изображающих богов и демонов. Самый странный из всех парил в воздухе над центром арены.

Висящий передо мной шар, который, как я догадался, должен был изображать наш мир, медленно вращался, в то время как издалека его освещали лучи, подобно тому как солнечные лучи освещают нашу Землю.

Теперь наступила полная тишина. Странные создания внимательно смотрели на меня. Я так же пристально смотрел на них, хотя перед этой могущественной толпой я чувствовал себя маленьким и незначительным.

Здесь были мужчины и женщины небольшого роста, которые казались совершенными и были похожи на богов. Они излучали ауру чистоты и покоя. Другие тоже были похожи на людей, но у них были странные, совершенно невероятные птичьи головы, полностью покрытые чешуей или перьями (мне вообще трудно было понять, что это такое), и руки, человеческие по форме, но поражающие своей чешуей и когтями.

Были среди них и гиганты. Создания огромных размеров, которые возвышались, словно статуи, затмевая своих более миниатюрных собратьев. Некоторые из них, несомненно, были людьми, но их размеры поражали воображение. Мужчины и женщины, или самцы и самки. И такие, которых нельзя было отнести ни к тем, ни к другим, или же к обоим сразу. Они сидели, внимательно уставившись на меня, и мое чувство неловкости все увеличивалось под их застывшими взглядами.

С одной стороны от меня сидел человек приятного вида со строгим выражением лица и высоко поднятой головой. Он сидел спокойно в окружении живых ярких цветов своей ауры, что делало его похожим на Бога, восседающего на Небесах. Наконец он заговорил, опять на непонятном языке. Мой Пленитель вышел вперед и нагнулся надо мной.

— Я вставлю эти штуки в твои уши, — сказал он, — и ты станешь понимать каждое слово, которое будет здесь произнесено. Не бойся.

Он ухватил меня за правое ухо и оттянул его кверху. Другой рукой он ввел в ушное отверстие какое-то маленькое устройство. Затем он проделал то же самое с моим левым ухом. Он повернул маленькую ручку, присоединенную к коробке, которая находилась у меня за шеей, и я услышал звуки. И вдруг я обнаружил, что могу понимать странный язык, который до этого был мне совершенно непонятен. У меня не было времени, чтобы удивляться этому чуду, я должен был слушать окружавшие меня голоса, голоса, которые я теперь понимал.

Голоса, которые я теперь различал, язык, который был мне теперь понятен. Да, но грандиозность понятий была по-прежнему недоступна моему ограниченному воображению. Я был скромным священнослужителем с той Земли, которую они называли «Землей дикарей», и моих представлений было недостаточно, чтобы постичь смысл того, что я теперь услышал. Мой Пленитель заметил, что я испытываю затруднения, и опять поспешил ко мне.

— Что с тобой? — прошептал он.

— Я слишком плохо образован, чтобы понимать смысл того, что они говорят, за исключением простейших слов, — прошептал я в ответ. — Все, что я слышу, вообще лишено для меня смысла: я не могу ПОСТИЧЬ столь возвышенных вещей.

Лицо его выразило беспокойство, и он нерешительно подошел к какому-то служителю, одетому в великолепные одежды, который стоял рядом с Престолом Величайшего. Они шепотом о чем-то посовещались, потом оба не спеша направились ко мне.

Я пытался следить за разговором, который продолжался вокруг меня, но у меня ничего из этого не получалось. Мой Пленитель нагнулся ко мне и прошептал:

— Объясни Адъютанту, в чем состоят твои трудности.

— Адъютанту? — повторил я. — Я даже не знаю, что это значит.

Никогда прежде я не чувствовал себя столь невежественным, столь непригодным, никогда не испытывал такой бесполезности всех своих усилий. Никогда прежде я не чувствовал себя настолько вышибленным из колеи. Адъютант улыбнулся мне и сказал:

— Ты понимаешь, что я тебе сейчас говорю?

— Да, сэр, понимаю, — ответил я, — но я слишком невежествен, чтобы понять, что говорит Величайший. Я не могу ПОСТИЧЬ темы разговора, все ПОНЯТИЯ, которыми вы пользуетесь, мне недоступны.

В ответ он кивнул головой и сказал:

— В этом, конечно, виноваты наши автоматические переводчики, они не настроены ни на твой метаболизм, ни на особенности твоего мозга. Но не волнуйся, Главный Хирург, которого ты называешь своим Пленителем, поработает над этим и подготовит тебя к следующей сессии. Это незначительная задержка, и я объясню это Адмиралу.

Он дружелюбно кивнул мне и зашагал к Величайшему.

«Адмирал? Что значит Адмирал? — недоумевал я. — Что значит Адъютант?»

Эти слова были полностью лишены для меня смысла. Я стал ожидать развития событий. Тот, кого называли Адъютантом, приблизился к Величайшему и тихо заговорил с ним. Разговор шел очень неторопливо и спокойно. Величайший кивнул головой, и Адъютант сделал знак тому, кого он назвал Главным Хирургом, моему Пленителю. Тот вышел вперед, и последовала оживленная дискуссия.

Наконец мой Пленитель сделал какой-то странный жест, положив свою правую руку себе на голову, повернулся и проворно направился ко мне, одновременно посылая руками какие-то знаки тому, кто находился вне поля моего зрения.

Разговор продолжался. Он шел беспрерывно. Человек очень больших размеров поднялся на ноги, и у меня создалось впечатление, что они обсуждают что-то, связанное с организацией кормления. Странная особа женского пола вскочила на ноги и что-то пыталась ответить. Казалось, она решительно возражает против того, что говорит этот человек. Потом с покрасневшим лицом — от гнева? — она резко села. Человек невозмутимо продолжал свою речь. Мой Пленитель подошел ко мне и пошептал:

— Ты должен презирать меня за то, что я называл тебя невежественным дикарем.

Он сердито выдернул эти странные штучки из моих ушей. Быстрым взмахом руки он проделал что-то такое, что опять мгновенно лишило меня зрения. Я почувствовал, как меня поднимают, и мой стол опять двинулся из этой огромной пещеры.

И стол, и оборудование не слишком осторожно проталкивали по коридору, все время доносился скрип и щелканье металла, потом вдруг направление движения изменилось и меня охватило неприятное чувство падения. С тихим звуком мой стол коснулся пола, и я предположил, что опять нахожусь в той металлической комнате, где был и раньше.

Отрывистые голоса, шелест одежд, шарканье ног. Движение скользящей металлической двери — и я опять остался один со своими мыслями. Что все это значит? КТО такой Адмирал? ЧТО такое Адъютант? И ПОЧЕМУ моего Пленителя называют Главным Хирургом? Что ЭТО за место? Все это было слишком далеко от моего понимания.

Я опять лежал в этой комнате, мои щеки пылали, я испытывал общий жар. Я был совершенно подавлен тем, что так мало могу понять. По их мнению, я определенно вел себя как невежественный дикарь, тогда как по моему мнению — я был похож на яка, стоящего перед разумным человеком, к которому тот обращался, но безрезультатно. Я покрылся холодным потом, когда представил себе, какой позор я навлек на жреческую касту своей полнейшей неспособностью что-нибудь понять. Я чувствовал себя УЖАСНО!

Так я лежал, поглощенный своими страданиями, мучимый темнотой и самыми грустными мыслями, и во мне зарождалось глубокое подозрение, что для этих неизвестных людей мы ВСЕ дикари. Я лежал и покрывался испариной.

Раздался скрип открывающейся двери, и комната заполнилась хиханьем и щебетанием. Опять эти ужасные особы женского пола! С невероятной стремительностью они опять содрали единственную закрывавшую меня простыню, оставив меня голым, как новорожденный ребенок. Без всяких церемоний перевернув меня на бок, они подложили по всей длине моего тела какой-то холодный липкий лист и быстро перевернули на другой бок.

Когда концы простыни опять подоткнули под меня, я почувствовал резкий рывок — на мгновение мне показалось, что я полечу вверх тормашками со стола. Руки женщин подхватили меня и быстро вымазали резкими жгучими растворами. Потом они грубо обтерли меня чем-то, что по ощущению напоминало старую мешковину.

Время продолжало тянуться. Я изо все сил старался его подогнать, но сделать ничего не мог. Для такой затеи я был слишком обездвижен. Но вскоре на меня началась такая атака, что сначала я испугался, что меня собираются пытать.

Женщины схватили меня за руки и за ноги и стали крутить и изгибать их, как только могли. Крепкие руки вонзились в мое тело и начали его месить, как будто я был просто куском теста. Костяшки их пальцев оставляли во мне вмятины, мне стало трудно дышать.

Мои ноги развели в стороны, и непрерывно щебечущие особы женского пола стали натягивать длинные шерстяные рукава мне на ступни ног, потом на ноги до самых бедер. Меня подняли сзади за шею, так что я согнулся в талии, наклонившись вперед, и на верхнюю часть моего тела натянули какое-то одеяние, которое стянуло мне живот и грудную клетку.

На мою голову нанесли странную пену с отвратительным запахом и внезапно я услышал сильное жужжание. Источник жужжания прикоснулся ко мне — и у меня застучали зубы — те немногие, что остались после того, как большая часть была выбита китайцами. У меня возникло ощущение, как будто меня остригают, как яка. Грубое обтирание — настолько грубое, что мне показалось, что с меня сдирают кожу, — и какой-то туман опустился на мою беззащитную голову.

Дверь заскользила опять, и до меня донеслись звуки мужских голосов. Один я сразу узнал — это был голос моего Пленителя. Он подошел ко мне и обратился ко мне на моем родном языке:

— Мы собираемся обнажить твой мозг, это не должно тебя пугать. Мы собираемся ввести электроды прямо в твой...

Слова больше ничего не значили для меня, они означали только то, что для меня опять начались страшные времена и я бессилен что-либо сделать.

Незнакомый запах распространился в воздухе. Щебечущие женщины замолчали. Смолкли все разговоры. Клацнул металл о металл. Потом послышалось бульканье жидкости, и я почувствовал, как что-то острое вонзилось в мою левую руку. Меня с силой ухватили за нос и в мои ноздри втиснули какое-то непонятное круглое устройство, затолкав его дальше до самого горла.

Я почувствовал покалывание по всему черепу, за которым внезапно последовало онемение. Появилась издающая жалобный вой ужасная машина, которая коснулась моего черепа и начала медленно обходить его вокруг. Они собираются отпилить мне верхнюю часть черепа!

Ужасные, все перемалывающие пульсации проникали в каждую клетку моего существа — у меня было ощущение, как будто каждая моя косточка вибрирует в знак протеста. Наконец — я это ясно почувствовал — вся верхняя часть моей головы была отрезана, за исключением маленького свисающего кусочка плоти, с которым еще оставался соединенным мой череп.

Я по-прежнему испытывал ужас, но это был странный ужас, потому что, хотя я и был очень напуган, я сознавал, что сама по себе смерть не вызвала бы у меня протеста.

Теперь меня охватили ощущения, описать которые невозможно. Без какой-то видимой причины я вдруг издал протяжный звук «Аххххх-хахх». Потом мои пальцы начали резко дергаться. Я ощутил жжение в ноздрях, казалось, я должен немедленно чихнуть — но чихнуть я не мог.

Но самое худшее было потом. Я вдруг увидел перед собой своего дедушку по материнской линии. Он был в одеянии правительственного чиновника. Когда он обратился ко мне, на лице его появилась добрая улыбка. Я посмотрел на него — и почувствовал удар изнутри: я не должен был видеть его. У меня не было глаз! Что за чудеса? Я удивленно вскрикнул, и видение исчезло. Ко мне подошел мой Пленитель.

— В чем дело? — осведомился он.

Я рассказал ему.

— О, это не значит НИЧЕГО! — воскликнул он. — Мы только стимулировали некоторые центры твоего мозга, чтобы ты стал лучше все понимать. Мы видели, что у тебя есть способности, но тебе мешала медлительность и оцепенение, вызванное религиозными предрассудками. Это не позволяло тебе открыть свой мозг. Теперь мы делаем это для тебя.

Особа женского пола ввинтила маленькие устройства в мои ушные раковины, сила, с которой она это делала, позволила бы ей ввинтить колья для палатки в каменистый грунт.

Раздался щелчок, и я стал понимать чужие языки. Я стал ПОНИМАТЬ весь смысл. Теперь мне был понятен смысл и назначение таких терминов, как «кора головного мозга», «продолговатый мозг», «психосоматический» и тому подобное.

Коэффициент моих интеллектуальных способностей был увеличен — и я теперь знал, что все это значит. Но это было суровое испытание! Я был полностью обессилен. Время, казалось, остановилось.

Вокруг меня беспрерывно ходили люди. Их бесполезная болтовня не умолкала. Все это стало мне надоедать. Мне захотелось оказаться подальше от этого места с такими странными запахами, места, где мне отрезали всю верхнюю часть головы, как будто это было просто крутое яйцо. Это не значит, что мне часто доводилось видеть крутые яйца — они были для купцов и тех, у кого есть деньги, а не для бедных жрецов, питающихся тсампой.

Время от времени люди обращались ко мне, интересовались, как я себя чувствую. Чувствую ли я боль? Не кажется ли мне, что я что-то вижу? Какой цвет появляется в моем воображении?

Мой Пленитель подошел ко мне и рассказал, что мне стимулируют различные центры и что во время этого процесса у меня будут, конечно, возникать ощущения, которые могут меня напугать.

Напугать меня? Я все время напуган, объяснил я ему. Он рассмеялся и небрежно заметил, что в результате такой обработки мне теперь всю свою долгую жизнь придется жить одиноким отшельником, потому что мое восприятие слишком сильно обострится.

Никто никогда не будет жить со мной, сказал он, пока в самом конце моей жизни не придет ко мне молодой человек, чтобы получить от меня все знания, которыми я обладаю, и понести их дальше и в конце концов передать ни во что не верящему миру.

Наконец, когда прошла, как мне показалось, целая вечность, мой череп вернули на место. Странные металлические зажимы соединили вместе обе половинки. Мою голову обмотали полосками ткани, и я был поручен заботам женщины, которая уселась рядом со мной.

По хрусту бумаги было ясно, что вместо того, чтобы исполнять свои обязанности, она погружена в чтение. Потом я услышал мягкий удар упавшей книги, а вслед за этим до меня донеслось ритмичное посапывание женщины. Я решил, что мне тоже пора спать!

ГЛАВА ПЯТАЯ

Старый отшельник вдруг замолчал и положил руки на песок, широко растопырив пальцы. Эти чувствительные пальцы легко устанавливали контакт с грунтом. Какое-то мгновение он сосредоточенно молчал, потом произнес:

— Скоро к нам явится посетитель.

Молодой монах посмотрел на него ошарашенно. Посетитель? Зачем сюда приходить посетителю? И как ОН может быть в этом уверен? Не было слышно никаких звуков, никаких изменений в доносившихся снаружи голосах природы.

Так они просидели минут десять, подняв головы, ожидая. Вдруг ярко очерченный овал входного проема закрыла тень, и на фоне светлого неба показалось черное пятно.

— Ты здесь, Отшельник? — послышался высокий голос. — Фуу! И почему отшельники живут в таких темных недоступных местах?

В пещеру вперевалку вошел жирный монах очень маленького роста с мешком на плечах.

— Я принес тебе немного чая и ячменя, — сказал он. — Они были предназначены для Хижины Живущего За Пределами, но ОНИ больше не нуждаются ни в чем. Не могу же я тащить всю эту тяжесть обратно.

Вздохнув с облегчением, он сбросил мешок на землю. Сам он тоже опустился на землю, видимо, испытывая большую усталость, и уселся, облокотившись спиной о стену. Как он неряшлив, подумал молодой монах, почему он не сел так, как сидим мы? Потом он сообразил: этот монах был слишком толстым, чтобы ему было удобно сидеть со скрещенными ногами!

— Какие у тебя новости, Посланец? — мягко спросил старый отшельник. — Как поживает Великий Мир вокруг нас?

Монах тяжело вздохнул.

— Я хочу, чтобы ты помог мне избавиться от этого жира, — сказал он. — В Чакпори мне сказали, что у меня заболевание желез, но ничего не дали, чтобы мне стало лучше.

Его глаза, уже привыкшие после яркого солнечного света к сумраку пещеры, с интересом бегали вокруг.

— О! Я вижу у тебя здесь молодой человек, — сказал он. — Я слышал, что он отправился к тебе. Как его успехи? Он и в самом деле такой смышленый, как говорят?

Не дожидаясь ответа, он продолжал:

— Несколько дней назад выше прошел камнепад. Валун ударил сторожа Хижины Живущего За Пределами и сбросил его с утеса. Вот наедятся теперь грифы! — Эта мысль заставила его разразиться хохотом. — Отшельник умер в пещере от жажды, — продолжал он. — Там были только Сторож и Вечный Отшельник — и вот он оказался замурован. А нет воды — нет и жизни, ведь так?

Молодой монах молчал, думая об одиноких отшельниках. Странные люди, которые чувствуют «зов» удалиться от всех контактов с миром Человека.

С помощью монаха-добровольца такой «одиночка» отправляется в горы и находит там заброшенную хижину. Там он поселяется во внутренней комнате без окон. Его добровольный «сторож» выстраивает стену так, чтобы отшельник больше никогда не мог покинуть эту келью. В стене оставляется маленькое отверстие, как раз достаточное для того, чтобы через него прошла чаша. Через это отверстие раз в двое суток ему передают чашу воды из ближайшего горного источника и горсть ячменных зерен.

За все время жизни отшельника даже слабый луч света не попадает в его келью. Никогда больше он не будет ни с кем говорить и никто не заговорит с ним. Здесь всю оставшуюся жизнь он будет предаваться размышлениям, освобождая свое астральное тело от физического и отправляясь в путешествия на далекие астральные планы.

Ни болезнь, ни изменения во взглядах не могут дать им освобождения. Это может сделать только смерть. Снаружи полностью закрытой кельи живет Сторож, который ведет свое независимое существование, всегда уверенный в том, что от замурованного отшельника не донесется ни звука.

Стоит Сторожу заболеть или умереть, или же он сорвется с утеса — и отшельник тоже умирает, обычно от жажды. В этой крошечной комнатке, никогда не отапливаемой, какой бы суровой ни была зимняя стужа, отшельник проводит свою жизнь. Чаша холодной воды каждые два дня. Холодная вода, никогда не подогретая, никакого чая, даже в самую холодную зиму вода из горного ручья, который течет прямо из-под ледника, покрывающего горные склоны. Никакой горячей пищи. Одна горсть ячменя каждые два дня.

Острые боли, которые вызывает голод в первые дни, когда желудок сжимается, ужасны. Но боли, вызываемые жаждой, еще страшней. Тело обезвоживается, становится почти хрупким. Из-за отсутствия пищи, воды и упражнений мышцы истощаются.

По мере того как тело потребляет все меньше воды и пищи, его обычные функции почти отмирают. Но отшельник никогда не покидает своей кельи, все, что ему приходится делать, все, что Природа ЗАСТАВЛЯЕТ его делать, он делает в углу этой комнаты, где время и холод превращают его отходы в замерзшую пыль.

Зрение должно исчезнуть. Сначала оно напрягается, тщетно пытаясь преодолеть вечную тьму. Сначала воображение преподносит странные вспышки «света», почти достоверные хорошо освещенные «сценки». Со временем зрачки расширяются и мышцы глаз атрофируются, так что если бы лавина разрушила крышу, солнечный свет выжег бы глаза отшельника, точно так, как если бы в них ударила молния.

Слух становится неестественно острым. Появляются воображаемые звуки, которые терзают отшельника. В разреженном воздухе ему слышатся обрывки разговоров, которые прерываются тут же, как только он пытается к ним прислушаться.

Потом начинается борьба за сохранение равновесия. Он чувствует, что сейчас упадет в сторону, вперед или назад. Вскоре он начинает слышать свое приближение к стене. Малейшее возмущение воздуха, вызванное, например, поднятием руки, воспринимается как штормовой ветер.

Вскоре он начинает слышать удары своего сердца, которые кажутся пульсациями мощного двигателя. Потом приходят громкие булькающие звуки движущихся внутри его тела жидкостей, испарений из внутренних органов, которые выбрасывают свои выделения. Его слух становится настолько острым, что он слышит слабое трение мышечной ткани о мышечную ткань.

Рассудок проделывает с телом странные трюки. Его мучат эротические картины. Ему начинает казаться, что стены черной комнаты хотят его раздавить. В спертом воздухе комнаты его дыхание становится тяжелым и затрудненным. Только раз в два дня отодвигается камень в крошечном отверстии внутренней стены так, чтобы могла пройти чаша воды и горсть ячменных зерен, и только через это крошечное отверстие может войти воздух, дающий жизнь. Потом оно опять наглухо закрывается.

Когда он наконец справляется со своим телом, когда эмоции покорены, легко всплывает астральное средство передвижения, подобно дыму, поднимающемуся над костром. Материальное тело неподвижно лежит на подстилке, брошенной прямо на пол, и только Серебряная Нить соединяет их вместе.

Астральное тело проходит через каменные стены. Наслаждаясь радостью освобождения от цепей плоти, оно отправляется вниз по крутым тропам. Оно прокрадывается в монастыри, и обладающие телепатией и ясновидением ламы могут разговаривать с ним. Ему не может помешать ни ночь ни день, ни жара ни холод, самая прочная дверь не может послужить ему препятствием. Ему доступны все залы заседаний во всем мире, и не существует ни зрелища, ни переживания, свидетелем которого не могло бы стать астральное тело.

Молодой монах размышлял обо всех этих вещах, а потом вдруг подумал об отшельнике, который лежал мертвый в старой хижине на две тысячи футов выше их пещеры.

Жирный монах продолжал говорить:

— Мы должны разрушить стену и вытащить его оттуда. Я заходил в хижину и пытался позвать его через дверцу для подачи пищи. Фу! Какое там зловоние! Он ПО-НАСТОЯЩЕМУ умер. Мы не можем его там оставить. Я отправлюсь в Дрепунг за помощью. О, как обрадуются грифы, когда мы вытащим его оттуда, они очень любят их мясо, они все время садятся на хижину, требуя, чтобы его им отдали. А что касается меня, то я должен поскорее взобраться на свою старую лошадь и возвращаться назад: я не гожусь для этих горных прогулок.

Жирный монах помахал рукой и направился к выходу из пещеры. Юноша поднялся на затекшие ноги. Движимый любопытством, он последовал за отъезжающим монахом наружу. Лошадь не спеша пощипывала редкие растения.

Жирный монах вперевалку подошел к ней и с большим усилием забросил ногу на спину лошади. Он медленно двинулся по направлению к озеру, где его поджидали остальные всадники. Молодой монах стоял, провожая их взглядом, пока вся группа не исчезла из пределов видимости.

С тоской глядя им вслед, он тяжело вздохнул, потом повернулся и начал рассматривать отвесный утес, высящийся черной громадой на фоне светлого неба. Высоко над ним солнечные лучи выхватывали белые и красные пятна со стен Хижины Живущего За Пределами.

Давным-давно первый отшельник и его помощник потратили целый год тяжелого труда на то, чтобы построить хижину из разбросанных вокруг камней. Они разравнивали грунт, потом плотно укладывали камень на камень, так чтобы ни один луч света не мог проникнуть во внутреннее помещение.

Они трудились целый год, прежде чем были удовлетворены основным строением. Потом они приготовили известковый раствор из местного известняка и нанесли на поверхность постройки ослепительно белый слой. Потом они растолкли в порошок охру и смешали ее с водой из журчащего поблизости ручья. Этим раствором они покрасили стены, нависающие над двухтысячефутовым обрывом.

Они отделывали хижину так, чтобы она могла послужить последним памятником человеческому благочестию. И за все это время отшельник ни словом не обменялся со своим помощником. Настал день, когда новая хижина была закончена и освящена. Отшельник стоял, глядя на раскинувшуюся далеко под ним Лхасу, глядя в последний раз на мир Человека. Потом он медленно повернулся, чтобы войти в хижину, — и упал замертво у ног своего помощника.

Проходили годы, сюда приходили другие отшельники. Они жили во внутренней келье хижины, отгороженные стенами от всего мира, там умирали, потом их вытаскивали из каменной кельи, чтобы они послужили пищей для грифов, которые всегда были наготове. Теперь умер еще один. Умер от жажды. Совсем беспомощный.

Когда уходит помощник, не остается никакой надежды, никакой возможности получить жизненно важную воду, не остается ничего, как лечь и умереть.

Молодой монах перевел взгляд с хижины на тропу, проложенную через горный камнепад. Его взгляд скользнул по горному склону. Скалы были покрыты лишайником и мелким кустарником, внедрившимся прямо в поверхность скалы. Внизу, где склон встречался с ровной поверхностью, лежала свежая груда камней. Под этими камнями были погребены остатки тела человека.

Молодой монах вернулся в пещеру, захватил найденный жестяной сосуд и быстро зашагал к озеру, чтобы набрать свежей воды. Вычистив сосуд песком и наполнив его водой, он был готов к выполнению следующей задачи.

Внимательно осмотревшись вокруг, он нахмурился: нигде не было видно упавших веток. Ни единого прутика, до которого можно было бы дотянуться. Придется отправиться на равнину в поисках топлива. Он побрел в соседнюю рощицу.

Мелкие животные прервали свой нескончаемый поиск пищи и, стоя на задних лапках, с любопытством рассматривали того, кто посягал на их владения. У них не было страха, животные не боятся человека, когда человек живет в гармонии с миром, когда человек проявляет к ним симпатию.

Наконец молодой монах достиг площадки, где были повалены небольшие деревья. Наломав побольше веток, сколько могла ему позволить его молодая сила, он перенес их ко входу в пещеру. Сходив за жестянкой с водой, он быстро приготовил чай и тсампу.

Старый человек с благодарностью потягивал горячий чай. Молодой монах был очарован его манерой пить. В Тибете такие сосуды для пищи, как чаши и чашки, принято держать двумя руками, чтобы выразить уважение к пище, которая тебя кормит.

Старый отшельник, обладавший большой практикой, держал чашу обеими руками таким образом, что пальцы его рук перекрывали внутреннюю кромку: он не мог видеть поверхности жидкости, поэтому была опасность расплескать содержимое, но вода смачивала кончики его пальцев, предупреждая таким образом старого человека. Теперь он испытывал удовлетворение, высоко ценя горячий чай после десятилетий, когда он мог пить только холодную воду.

— Как странно, — сказал он, — после шестидесяти лет аскетизма мне опять страстно хочется горячего чаю. Я так же страстно желаю уютного жара костра — ты заметил, как он нагрел воздух в нашей пещере?

Молодой монах посмотрел на старца с сочувствием. Такие скромные желания, такой незначительный комфорт.

— Ты никогда не покидал это место, Почтенный? — спросил он.

— Нет, никогда, — ответил отшельник. — Здесь я знаю каждый камень. Здесь даже отсутствие зрения не создает мне особых неудобств, но отважиться оказаться среди валунов и обрывов — это совсем другое дело! Если я отправлюсь на берег, я могу упасть в озеро. Покинув эту пещеру, я могу никогда не найти пути обратно.

— Почтенный, — неуверенно обратился молодой монах к старцу, — как попал ты в эту удаленную недоступную пещеру? Или ты оказался здесь случайно?

— Нет, не случайно, — ответил старый человек. — Когда Люди из Другого Мира закончили работу со мной, они принесли меня сюда. Они СДЕЛАЛИ ЭТУ ПЕЩЕРУ СПЕЦИАЛЬНО ДЛЯ МЕНЯ!

Он опустился на землю с довольной улыбкой, зная, какое впечатление это произведет на слушателя. Молодой монах покачнулся и чуть не опрокинулся — настолько он был удивлен тем, что услышал.

— СДЕЛАЛИ ее для тебя? — спросил он, запинаясь. — Но как они могли проделать такое отверстие в горе?

Старый человек довольно посмеивался.

— Два человека доставили меня сюда, — сказал он, — они везли меня на платформе, которая летела по воздуху точно так, как летит птица. Она летела совсем бесшумно, еще тише, чем птица, потому что птицы при полете издают скрип — я слышу скрип их крыльев, когда они ударяются о воздух. Я слышу, как ветер шелестит их перьями.

ЭТА ВЕЩЬ, НА КОТОРОЙ Я ПРИЛЕТЕЛ сюда, была тиха, как тень. Она без всяких усилий поднялась в воздух, не было никакой тяги, никакого ощущения скорости. Два человека заставили здесь ее приземлиться.

— Но почему ЗДЕСЬ, Почтенный? — поинтересовался молодой монах.

— Почему? — переспросил старый человек. — Почему? Подумай о преимуществах этого места. Оно находится на расстоянии нескольких сот ярдов от дороги, по которой проходят купеческие караваны, так что купцы могут заходить ко мне за советом или благословением, и они платят мне, обеспечивая меня ячменем. Оно расположено недалеко от троп, ведущих к двум небольшим монастырям и к шести хижинам. Я не умру здесь от голода. Я знаю все новости. Ламы обращаются ко мне, им известна моя миссия — и им известна ТВОЯ!

— Но, господин, — упорствовал молодой монах, — это, наверное, было ужасным потрясением для всех, кто проходил мимо, когда они обнаруживали глубокую пещеру там, где ее раньше не было.

— Молодой человек, — ликовал отшельник. — ТЫ ходил здесь повсюду. Ты заметил еще хотя бы одну пещеру между этой и озером? Нет? А их здесь не меньше девяти. Тебя не интересовали пещеры, поэтому ты их не замечал.

— Но как такую пещеру могли сделать два человека? На это должно потребоваться несколько месяцев! — молодой человек был совсем сбит с толку.

— По волшебству того, что они называют атомной энергией, — терпеливо отвечал старый отшельник. — Один человек сидел на летающей платформе и смотрел вокруг, чтобы здесь не оказалось посторонних. Другой держал в руках небольшое устройство, которое издавало такой рев, как десяток разозлившихся дьяволов, и — можешь мне поверить — скала испарилась, образовав эту пещеру из двух помещений.

В моем внутреннем помещении течет тоненькая струйка воды, которая дважды в день наполняет мою чашу. Этого мне вполне достаточно, и это дает мне возможность не ходить за водой к озеру. Если у меня нет ячменя, что время от времени случается, я питаюсь лишайником, который растет во внутренней пещере. Это не слишком приятно, но это поддерживает мою жизнь, пока у меня опять не появится ячмень.

Молодой монах поднялся и подошел к той стене пещеры, которая была получше освещена. Да, камень действительно выглядел довольно своеобразно, нечто подобное он видел в кратерах потухших вулканов на плоскогорье Чань Тань.

Камни выглядели так, как будто они плавились, стекали каплями и потом застывали, образуя гладкие стеклянные поверхности, без выступов и шероховатостей. Поверхность казалась прозрачной, и через нее ясно были видны естественные слои скальной породы, в которой то здесь, то там светились золотые прожилки.

В одном месте он заметил, что золото расплавилось и, как густой сироп, начало стекать вниз по стене, потом оно остыло и его покрыл слой стекла, образовавшегося, когда двуокись кремния в процессе охлаждения не успевала кристаллизоваться. Так что стены пещеры были из настоящего стекла!

Но пора было выполнять домашние обязанности: не все же время вести разговоры. Нужно было подмести пол, наносить воды, поломать на мелкие кусочки принесенные дрова для костра.

Молодой монах подхватил ветку, предназначенную для подметания пола, и без особого энтузиазма приступил к этому занятию. Все домашние работы так скучны!

Он старательно подмел место, где спал, и медленно направился к выходу, продолжая мести. Ветка, которой он мел, наткнулась на небольшой холмик на полу, разрушила его, и под ним обнаружилась коричневато-зеленая поверхность. Молодой монах раздраженно нагнулся, чтобы удалить затесавшийся камень, недоумевая, как он мог сюда попасть. Он захватил предмет и, удивленно вскрикнув, отскочил: это был не камень, это был...

Что же это могло быть? С большой осторожностью он стал рассматривать найденную вещь, пытаясь проткнуть ее палкой. Она перевернулась, издав мелодичный звон. Он поднял ее и поспешил к старому отшельнику.

— Почтенный! — позвал он. — Я нашел странный предмет под тем местом, где лежал заключенный.

Старый человек спотыкающейся походкой вышел из внутренней пещеры.

— Опиши его мне, — попросил он.

— Ну, он напоминает мешочек размером в два моих кулака, — сказал молодой монах. — Он сделан из кожи или шкуры животного. — Он ощупал его. — Его горловина завязана веревкой. Сейчас я возьму острый камень.

Он быстро вышел из пещеры и вернулся, неся кремень с острой кромкой. Этим кремнем он начал распиливать найденный предмет по горловине.

— Очень твердый, — заметил он. — Вся вещица скользкая от сырости и покрыта плесенью. Ох! Я, кажется, разрезал ее.

Он осторожно открыл мешочек и высыпал его содержимое на подол своей мантии.

— Золотые монеты, — сказал он, — я никогда раньше не видел денег, только на картинке. Блестящие кусочки подкрашенного стекла. Не понимаю, для чего они нужны? Еще здесь пять золотых колец, утыканных кусочками стекла.

— Дай я их ощупаю, — попросил старый отшельник.

Молодой монах поднял подол своей мантии и направил руку своего учителя на маленькую кучку высыпанных предметов.

— Бриллианты, — сказал отшельник. — Рубины — я могу это определить по их вибрациям — и... — старый человек замолчал, медленно ощупывая пальцами камни, кольца и монеты. Наконец он глубоко вздохнул и заметил:

— Очевидно, наш заключенный украл эти вещи. Это индийские монеты. Я чувствую в них ЗЛО. Их стоимость огромна.

На мгновение он задумался, потом резко произнес:

— Забери их поскорее и забрось в озеро как можно дальше. Если мы будем держать их здесь, они принесут нам несчастье. В них похоть, убийство и зло. Забери их поскорее!

С этими словами он повернулся и медленно побрел назад во внутреннюю пещеру. Молодой монах сложил вещицы назад в кожаный мешочек, вышел из пещеры и направился к озеру.

На берегу он высыпал все предметы на плоский камень и начал с интересом их рассматривать, потом взял золотую монету, зажал ее между пальцами и с силой швырнул в воду, так что она долго перескакивала с одной волны на другую, пока с тихим всплеском не исчезла под поверхностью. Монета следовала за монетой. Потом кольца, потом камни, пока не осталось ничего.

Вымыв руки, он обернулся и весело улыбнулся: он увидел, как взлетела большая птица, питающаяся рыбой, унося в клюве пустой мешочек, а две других бросились за ней в погоню. Напевая стих из Песни Мертвых, молодой монах вернулся в пещеру к своим работам по дому.

Но работы по дому не продолжаются вечно. Наступило время, когда молодой монах смог отложить в сторону хорошо истершуюся ветку, которую он использовал в качестве веника. Наступило время, когда он посмотрел вокруг, оценивая свою работу, и увидел на полу чистый песок, кучу дров для костра, жестянку, полную воды, и тогда он смог сложить руки и отметить, что работы по дому на сегодня окончены.

Теперь наступило время, когда молодые проворные клетки памяти были готовы к восприятию и запоминанию новой информации.

Своей шаркающей походкой старый отшельник вышел из внутренней пещеры. Даже неопытному взгляду молодого человека было заметно, что старик заметно ослабел. Медленно старый отшельник устроился на земле и завернулся в свою мантию. Потом он протянул молодому монаху свою чашу. Юноша наполнил чашу холодной водой и поставил ее рядом со старым отшельником, направив его пальцы на край чаши, чтобы старик знал точное ее положение. Потом он тоже сел на землю и стал ждать, когда старший заговорит.

Какое-то время не доносилось ни звука, пока старый человек сидел, упорядочивая свои мысли. Потом, несколько раз зевнув и прочистив горло, он начал:

— Женщина уснула, вслед за ней уснул и я. Но спал я недолго. Она ужасно храпела, а моя голова все время пульсировала. Мне казалось, что мой мозг разбухает и старается вышибить верхнюю часть моего черепа. Потом я услышал тяжелые удары в кровеносных сосудах своей шеи и почувствовал себя на грани гибели.

Ритм храпа вдруг изменился, раздались шаркающие шаги, и женщина, издав странное восклицание, быстро вскочила на ноги и бросилась ко мне. Раздались щелчки и звяканье, и ритм движения жидкостей внутри моего тела изменился. Прошла минута, и пульсации в моем мозгу начали утихать. Давление на шею исчезло, и края распиленных костей перестали бренчать и дребезжать.

Женщина суетилась вокруг, передвигая разные предметы, я слышал удары стекла о стекло и металла о металл. Я слышал скрип, когда она нагнулась, чтобы поднять упавшую книгу. Взвизгнула какая-то передвигаемая мебель. Потом она подошла к стене, и я услышал, как заскользила дверь, а потом с лязгом закрылась за ней. Донесся звук удаляющихся шагов.

Я лежал и думал обо всем, что со мной произошло. Я ВЫНУЖДЕН был здесь лежать, потому что не мог двигаться! Определенно что-то сделали с моим мозгом: я стал более восприимчив. Мои мысли стали более ясными. Раньше было много путаных мыслей, потому что я не умел их сконцентрировать, я всегда натыкался на какой-то мешающий мне фон в своем сознании. Теперь ВСЕ мысли были чисты, как вода горных ручьев.

Я вспомнил свое появление на свет. Свой первый взгляд на мир, в который я был ввергнут. Лицо своей матери. Морщинистое лицо старой женщины, помогавшей при родах. Немного позже — своего отца, несущего новорожденного так, как будто он боялся меня, — первого новорожденного, которого довелось ему увидеть.

Я вспомнил выражение тревоги на его лице и то беспокойство, которое вызывало у него мое красное морщинистое личико. Потом передо мной начали возникать сцены из раннего детства. Мои родители всегда мечтали о сыне, который станет священнослужителем и принесет славу их семье.

Школа, толпа мальчишек, сидящих на полу и пытающихся писать на плитках горного сланца. Монах-учитель, переходящий от одного к другому, чтобы похвалить или сделать замечание, который говорит мне, что, если я буду хорошо заниматься, я останусь здесь дольше, потому что должен выучить больше своих товарищей.

Моя память была заполнена до отказа. Я легко мог вызывать картины, которые я видел в журналах, привозимых индийскими купцами, и картины, о которых я даже не подозревал, что видел их когда-нибудь.

Но память — это инструмент обоюдоострый: я мог со всеми подробностями вызвать в своем воображении все пытки, которым подвергали меня китайцы. Они видели, как я нес бумаги из Поталы, и решили, что в них содержатся государственные секреты, поэтому они схватили меня и подвергли страшным пыткам, чтобы я их им выдал. Я, скромный священнослужитель, самым большим секретом которого являлось то, сколько съедает лама!

Скользящая дверь открылась с металлическим присвистом. Погруженный в свои мысли, я не заметил приближения шагов по коридору.

— Как ты теперь себя чувствуешь? — раздался знакомый голос, и я почувствовал, что рядом со мной стоит мой Пленитель. Говоря со мной, он занимался странным аппаратом, к которому я был подсоединен.

— Как ты теперь себя чувствуешь? — спросил он опять.

— Неважно, — ответил я, — я чувствую себя совсем несчастным от всех этих странных вещей, которые происходят со мной. Я чувствую себя, как больной як на рыночной площади!

Он рассмеялся и отправился в дальний угол комнаты. Я слышал хруст бумаги, звук переворачиваемых страниц, который ни с чем нельзя перепутать.

— Сэр! — обратился я к нему. — Что значит «Адмирал»? И что такое Адъютант? Я никак не могу в этом разобраться.

Он отложил тяжелую книгу или по крайней мере то, звуки чего напоминали звуки листаемой книги, и опять подошел ко мне.

— Да, — произнес он, и в его голосе прозвучало сочувствие — Я думаю, с твоей точки зрения, мы довольно плохо обращались с тобой.

Он сделал несколько шагов, и я услышал, что он тащит одно их этих странных металлических сидений. Когда он на него садился, оно тревожно скрипнуло.

— Адмирал, — повторил он задумчиво. — Что это значит, ты поймешь немного позднее, но пока я постараюсь как-то удовлетворить твое любопытство. Ты находишься на корабле, который плывет через космическое пространство, космическое МОРЕ, как мы его называем, потому что при той скорости, с какой мы движемся, редкие частицы материи, рассеянные в пространстве, встречаются настолько часто, что они воспринимаются как вода. Тебе понятно? — спросил он.

Я немного подумал о том, что он сказал, и — да — я понял. Я подумал о нашей Счастливой Реке и кожаных лодках, которые перевозили на другой берег.

— Да, мне понятно, — ответил я.

— Ну что ж, хорошо, — продолжал он. — Наш корабль — один из целой группы. Это самое главное. На каждом корабле, включая наш, есть капитан, а Адмирал — как бы это лучше выразиться? — он капитан всех капитанов. Такого человека мы называем «Адмирал».

Кроме наших космических матросов, у нас на борту есть солдаты, над ними обычно стоит старший офицер, который является «помощником» Адмирала. Такого помощника мы называем «Адъютант». Если пользоваться известными тебе понятиями, у аббата есть капеллан — тот, кто выполняет всю основную работу, оставляя основное решение за вышестоящим.

Это было мне понятно. Я стал обдумывать все услышанное, когда мой Пленитель наклонился ко мне и ПРОШЕПТАЛ:

— И, пожалуйста, не называй меня так часто своим ПЛЕНИТЕЛЕМ. Я главный хирург этого корабля. Опять-таки, если обратиться к известным тебе понятиям, это похоже на главного ламу-врача в Чакпори. Ты должен называть меня Доктор, а не Пленитель!

Меня развеселило, что даже у таких великих людей есть свои слабые струнки. Такого человека, как он, беспокоит то, что какой-то невежественный дикарь (как он окрестил меня) называет его «Пленитель».

— Да, Доктор, — ответил я, желая доставить ему удовольствие. Вознаграждением был благодарный взгляд и мягкий кивок головы.

На некоторое время он погрузился в какие-то приборы, которые, как выяснилось, были подсоединены к моей голове. Он что-то регулировал, менял расход жидкостей, его непонятные манипуляции вызывали чувство покалывания на моем черепе. Спустя некоторое время он сказал:

— Тебе придется отдыхать еще три дня. За это время кости срастутся, и ты быстро начнешь поправляться. Потом, при условии, что все пройдет, как мы надеемся, мы опять отвезем тебя в Зал Заседаний и покажем тебе множество различных вещей. Я не знаю, захочет ли Адмирал говорить с тобой, но если захочет, не пугайся. Говори с ним так же, как говоришь со мной.

А потом грустно добавил:

— Или гораздо вежливее!

И он, слегка похлопав меня по плечу, вышел из комнаты.

Я лежал, лишенный возможности двигаться, и думал о своем будущем. Будущее? Какое будущее может быть у слепого человека? Что буду я делать, даже если мне удастся уйти отсюда живым? Должен ли я буду просить себе на пропитание, подобно нищим, которые толпятся у Западных Ворот? Большинство из них, конечно, мошенники.

Я размышлял о том, где я буду жить, как буду добывать себе пищу. Наш климат очень суровый, и в нем не выжить человеку, у которого нет дома, нет места, где приклонить голову. Я очень беспокоился по этому поводу, и все волнения и события, которые происходили со мной, ввергли меня в тяжелый прерывистый сон.

Время от времени я чувствовал, как скользящая дверь открывается и в комнату заходят люди, может быть, для того, чтобы посмотреть, жив ли я еще. Щелканью и звяканью редко удавалось вывести меня из забытья. У меня не было никаких ориентиров, чтобы понять, сколько прошло времени. В нормальных условиях мы можем определить, сколько прошло минут, по ударам своего сердца, но здесь проходили часы, причем часы, когда я был без сознания.

Итак, как мне показалось, я довольно долго путешествовал между миром материальным и миром духовным, когда меня вдруг грубо вернули в состояние полного бодрствования. Эти жуткие особы женского пола опять набросились на меня, как грифы набрасываются на труп. Их болтовня и хихиканье вызывали у меня раздражение. Еще большее раздражение вызывала их непристойная свобода в обращении с моим телом. К тому же, я не знал их языка, я не мог даже двигаться.

Меня всегда удивляли женщины, подобные этим. У этих представительниц так называемого слабого пола руки были очень тяжелыми, и еще тяжелее были эмоции. Я был истощенным, хилым, я чувствовал себя совсем плохо, а тут еще эти женщины переворачивали меня с такой черствостью, как будто я был куском камня.

Они смазали меня лосьонами, нанесли на мою высохшую кожу отвратительно пахнущие мази, выдернули трубки из ноздрей и из всех остальных мест и грубо заменили их новыми. Я содрогался от одной только мысли о том, что новый дьявольский удар судьбы может опять заставить меня испытать подобное унижение.

С уходом этих отвратительных особ меня опять оставили в покое, но ненадолго. Дверь опять заскользила, и мой Пленитель — нет, я должен помнить, что его нужно называть «доктор», — вошел в комнату и закрыл за собой дверь.

— Доброе утро, я вижу, ты уже проснулся, — сказал он приветливо.

— Да, сэр доктор, — ответил я немного раздраженно, — трудно спать, когда эти щебечущие женщины набрасываются на тебя, подобно чуме!

Это, казалось, очень его позабавило. Теперь, по-видимому лучше узнав меня, он уже обращался со мной, как с человеком, хотя и слабоумным.

— Нам приходится пользоваться услугами этих медсестер, — сказал он, — за тобой нужно ухаживать, поддерживать чистоту и обеспечивать отсутствие дурных запахов. Тебя обработали одеколоном, припудрили и подготовили к следующему дню отдыха.

Отдых! Опять отдых! Я больше не хотел отдыхать, я хотел уйти отсюда. Но куда я мог уйти? Пока доктор стоял рядом и изучал то место моего черепа, где была произведена операция, я еще раз обдумывал все, что он мне сказал. Когда это было? Вчера? Или позавчера? Я не знал. Я знал только, что одна вещь ставит меня в тупик.

— Сэр доктор, — сказал я, — вы говорили мне, что я нахожусь на космическом корабле. Я правильно вас понял?

— Да, это так, — ответил он. — Ты находишься на борту флагмана этой флотилии, которая ведет наблюдение. Сейчас мы отдыхаем на горном плато Тибетского плоскогорья. Тебя интересует, почему?

— Но, сэр! — ответил я. — Когда я был в комнате перед всеми этими удивительными людьми, я видел, что мы находимся в просторном КАМЕННОМ помещении: как может быть на корабле КАМЕННОЕ помещение?

Он рассмеялся, как будто услышал очень смешную шутку. Обретя снова способность говорить, он сказал, прерывая свое объяснение взрывами смеха:

— Ты наблюдателен, очень наблюдателен. И ты совершенно прав. Это скалистое плато, на котором сейчас лежит наш корабль, когда-то было вулканом. Повсюду здесь имеются глубокие переходы и огромные внутренние помещения, из которых в незапамятные времена извергалась лава.

Мы использовали эти переходы и увеличили объем этих помещений так, чтобы они удовлетворяли нашим целям. Мы широко используем это место — время от времени его используют различные корабли. Мы вынесли тебя с корабля и перенесли в такое каменное помещение.

Перенесли с корабля в каменное помещение! Это произвело на меня очень странное впечатление, я представил себе, как прохожу по металлическому коридору и попадаю в каменную комнату.

— Сэр доктор, — воскликнул я, — я знаю много туннелей и каменных помещений. Существует одно закрытое подземное помещение в горе Поталы, в котором есть даже озеро.

— Да, — заметил он, — мы его видели на наших геофизических фотографиях. Хотя мы и не знали, что оно известно жителям Тибета.

И он стал продолжать свои кажущиеся бессмысленными занятия — я был уверен, что он что-то делает с жидкостями, которые текут по трубкам и поступают в мое тело.

Я почувствовал изменение температуры своего тела, и, без всякого сознательного вмешательства с моей стороны, мое дыхание стало медленным и более глубоким: мною манипулировали, как марионеткой на рыночной площади.

— Сэр доктор! — сказал я горячо, — Ваши космические корабли нам знакомы, мы называем их Колесницами Богов. Но почему вы не устанавливаете контакта с нашими руководителями? Почему вы открыто не заявите о своем присутствии? Почему вы тайно похищаете таких, как я?

Он глубоко втянул воздух, немного помолчал иннаконец ответил:

— Ну... эээ... — произнес он, запинаясь, — видишь ли, если я объясню тебе причину, это вызовет только колкие замечания в адрес того, что для нас является добром.

— Но, сэр доктор, — ответил я, — я ваш пленник точно так же, как я был пленником китайцев, я не хочу вас сердить. Я пытаюсь своим варварским способом все понять, что, по-видимому, соответствует и вашему желанию.

Он стал прохаживаться, шаркая ногами и,очевидно, обдумывая, как лучше всего поступить. Придя к какому-то решению, он сказал:

— Мы Садовники Земли и, конечно, множества других обитаемых миров. Садовники не обсуждают своих планов со своими растениями. Или, чтобы тебе было немного яснее, если пастух обнаружит яка, более смышленого, чем средний як в стаде, пастух не подойдет к нему и не скажет:

«Отведи меня к вашему вожаку».

Он также не станет обсуждать с этим разумным яком вопросы, которые явно выше его понимания. Мы не ставим своей целью брататься с туземцами ни в одном из миров, за которыми мы наблюдаем. В незапамятные времена мы сделали это, что принесло всем несчастье и привело к возникновению самых фантастических легенд в вашем мире.

Я засопел от злости и возмущения.

— Сначала вы называли меня невежественным дикарем, а теперь называете меня, и мне подобных, яками, — запротестовал я. — Хорошо, если я так низко развит, ПОЧЕМУ ВЫ ДЕРЖИТЕ МЕНЯ ЗДЕСЬ В КАЧЕСТВЕ ЗАКЛЮЧЕННОГО?

— Потому что мы собираемся тебя использовать, — резко ответил он. — Потому что ты обладаешь фантастической памятью, которую мы еще усилили. Потому что ты должен стать всего лишь хранилищем знаний для того, кто придет к тебе почти в конце твоей жизни. А теперь спать!

Я услышал, вернее, почувствовал щелчок и меня окутала мягкая волна забвения.

ГЛАВА ШЕСТАЯ

Томительно потянулись бесконечные часы. Я находился в состоянии ступора, в полном оцепенении, когда реальности не существовало, когда прошлое, настоящее и будущее закружились в одном общем вихре: моя прошлая жизнь, мое нынешнее беспомощное состояние, когда я не мог ни передвигаться, ни видеть, и мой жуткий страх за свое будущее после того, как я выйду отсюда, — если я действительно когда-нибудь выйду.

Время от времени появлялись женщины и производили надо мной какие-то удивительные манипуляции. Мои конечности гнули и скручивали, мою голову крутили во все стороны и каждую часть моего уже почти превратившегося в скелет тела сдавливали, стискивали, тузили и месили.

Порой заходила группа мужчин, которые, окружив меня тесным кольцом, что-то оживленно обсуждали. Я, конечно, не понимал того, о чем они говорили, но об этом нетрудно было догадаться. Потом они что-то в меня вонзали, но я не доставлял им удовольствия видеть, как я вздрагиваю от острой боли, — я все время чувствовал, как мое сознание куда-то уплывает.

Наступил момент, когда я опять ощутил тревогу. Я находился в полудреме невесть сколько часов. Хотя до моего сознания дошел звук открывающейся скользящей двери, меня это не обеспокоило. Я полностью ушел в себя, я чувствовал себя так, как будто весь окутан мягкой шерстью, и мне было все равно, что бы ни случилось вокруг, даже если это будет касаться меня самого.

И вдруг я почувствовал острую боль, которая, казалось, рвет череп на части. Меня зондировали и протыкали. Я услышал голос, который говорил на моем языке:

— А, хорошо, давайте его оживим!

Подавленный гул голосов, который я осознал только после того, как он прекратился, со слабым щелчком оборвался. И тут же я почувствовал, что жив, и попытался сесть. Но я опять потерпел поражение, самые невероятные усилия не могли заставить мои конечности пошевельнуться.

— Он опять с нами, — произнес голос.

— Эй! Ты нас слышишь? — спросил кто-то другой.

— Да, слышу, — ответил я, — но почему вы говорите по-тибетски? Я думал, что только сэр Доктор может разговаривать со мной.

Я услышал сдерживаемый смех.

— Это ТЫ пользуешься НАШИМ языком, — ответили мне. — Теперь ты будешь понимать все, что мы станем тебе говорить.

Его прервал другой голос, адресованный кому-то другому:

— Как вы его зовете?

Голос, в котором я узнал голос Доктора, ответил:

— Как зовем его? О! У нас нет для него имени, я всегда к нему обращаюсь просто «ты».

— Адмирал требует, чтобы у него было имя, — отрезал его собеседник. — Решайте, как к нему обращаться.

Началось очень оживленное обсуждение, во время которого было предложено множество имен. Некоторые из них были ОЧЕНЬ оскорбительными и говорили о том, что эти люди ставят меня ниже, чем мы яков или грифов, которые питаются мертвыми. Наконец, когда комментарии уже становились совсем грубыми, Доктор сказал:

— Давайте прекратим это. Этот человек — монах. Пусть это и будет его именем, давайте называть его «Монах».

Последовало короткое молчание, потом я услышал шум, производимый руками, который, как я понял, означал аплодисменты.

— Очень хорошо, — произнес голос, которого я до сих пор не слышал, — принято единогласно: теперь он получает прозвище «Монах». Так и запишем.

Продолжался бессвязный разговор, один из тех, которые не вызывают у меня интереса, так как оказалось, что эти мужчины обсуждают достоинства и недостатки различных женщин и оценивают легкость, с которой можно ими овладеть. Некоторые из анатомических ссылок находились за пределами моего понимания, так что я не делал попыток следить за нитью их рассуждений, а занялся тем, что пытался представить себе их внешний вид.

Одни из них были очень маленького роста, другие весьма крупными. Но вот что было наиболее странным и крайне меня занимало, — так это то, что, насколько я знал, никто на Земле не обладал такими особенностями и такими размерами.

Внезапно послышавшиеся шарканье ног и звук, который, как оказалось, издавали скользящие спинки этих странных сидений, вернули меня к действительности. Люди вставали и один за другим покидали комнату. Наконец остался только один, Доктор.

— Скоро, — сказал он, — мыопять перенесем тебя в Зал Заседаний, тот, который находится внутри горы. Не нервничай, Монах, бояться здесь нечего, это может показаться тебе странным, но тебе ничто не причинит вреда.

С этими словами он тоже покинул комнату, и я опять остался один на один со своими мыслями. По какой-то непонятной причине в моей памяти всплыла сцена, заставившая меня содрогнуться: я был привязан к стене, как распятый орел. Один из китайских палачей приблизился ко мне и с дьявольской улыбкой произнес:

— Мы даем тебе последнюю возможность рассказать нам то, что мы хотим узнать, или я вырву твои глаза.

— Я простой бедный монах, — ответил я, — и мне нечего вам рассказать.

При этом китайский палач вставил большой и указательный палец в уголки моего левого глаза и вынул глаз, как косточку из сливы. Я был подвешен за шею. Боль была невыносимой. Правый глаз, который они еще не тронули, смотрел прямо вперед, левый, свисающий на мою щеку, смотрел прямо вниз. То, что отражалось при этом в моем сознании, было ужасно. Потом резким движением китаец оторвал глаз и бросил его мне в лицо, а после этого проделал то же самое с правым глазом.

Я помню, как, наконец пресытившись своей оргией пыток, они бросили меня в кучу мусора. Но я не умер, как они надеялись, ночной холод воскресил меня, и я побрел прочь, слепой, спотыкающийся, пока в конце концов какое-то «чувство» не вывело меня подальше от владений Китайской Миссии, а потом и из города Лхасы.

Так я лежал, предаваясь этим невеселым мыслям, и, когда наконец в мою комнату вошли люди, я почувствовал облегчение. Теперь я понимал, что они говорят. Над моим столом поместили специальное подъемное устройство, носящее странное название «антигравитационного». Когда это устройство «включили», стол поднялся в воздух, и люди стали направлять его через дверь и дальше по коридору.

Мне объяснили, что стол теперь не обладает никаким заметным весом, но у него сохранилась инерция и механический момент, — хотя это для меня ничего не значило. Нужно было внимательно следить, чтобы ничего не повредить. Вот это для меня имело значение.

Стол вместе со связанным с ним оборудованием осторожно тащили или подталкивали вниз по металлическому коридору с его искаженным эхо, потом дальше, вон из космического корабля. Мы опять оказались в большом каменном помещении, и звуки, которые я здесь услышал, говорили мне о большом скоплении народа, что напомнило мне внешний двор Лхасского Храма в более счастливые дни моей жизни. Мой стол продолжал двигаться дальше, наконец пару раз качнулся и опустился на несколько дюймов, коснувшись пола. Ко мне подошел человек и прошептал:

— Главный Хирург подойдет через несколько минут.

— А вы не собираетесь дать мне зрение? — спросил я в ответ.

Но он уже отошел, и моя просьба осталась неуслышанной. Я продолжал лежать, пытаясь нарисовать в своем воображении все, что происходит вокруг. Я помнил то, что бегло успел увидеть раньше, но мне очень хотелось, чтобы мне опять дали искусственное зрение.

По каменному полу раздались знакомые шаги.

— А! Они доставили тебя в полном порядке. Все нормально? — спросил доктор — Главный Хирург.

— Сэр Доктор! — ответил я, — я бы чувствовал себя гораздо лучше, если бы вы позволили мне видеть.

— Но ты СЛЕПОЙ, и ты должен привыкать быть слепым, тебе придется прожить очень долгую жизнь в таком состоянии.

— Но, сэр Доктор, — сказал я с раздражением, — если вы не дадите мне искусственного зрения, КАК я смогу изучать и запоминать все те удивительные вещи, которые, как вы обещали, я должен УВИДЕТЬ?

— Оставь это нам, — ответил он. — МЫ будем задавать вопросы и отдавать приказания, а ТЫ — только делать то, что тебе будут говорить.

В зале водворилось молчание, именно молчание, а не тишина, ибо не может быть тишины там, где собралось такое количество людей. Это молчание нарушили очень отчетливые шаги, которые внезапно резко оборвались.

— Сидите! — скомандовал отрывистый голос военного.

Последовал шорох, который свидетельствовал о том, что люди расслабились, шорох тесных одежд, скрип кожи и шарканье множества ног. Потом скрип откинувшегося странного сиденья. Звуки, который издает человек, поднимаясь на ноги. Секунду-другую собравшиеся напряженно молчали в ожидании, затем голос раздался снова:

— Леди и джентльмены! — начал свою речь этот глубокий, хорошо поставленный голос, тщательно выговаривая слова. — Наш Главный Хирург считает, что теперь здоровье этого туземца восстановлено и он в достаточной степени подготовлен к тому, чтобы мы без особого риска могли познакомить его со Знанием Прошлого.

Определенный риск, конечно, остается, но мы вынуждены на него идти. Если это существо умрет, нам опять придется возобновить утомительные поиски, чтобы найти другое. Этот туземец сейчас в плохом физическом состоянии, поэтому приходится надеяться только на то, что он обладает сильной волей и крепко держится за жизнь.

По моему телу прошла дрожь от этого бессердечного пренебрежения МОИМИ чувствами, но Голос продолжал:

— Среди нас есть такие, кто считает, что мы должны использовать только письменные Записи, открываемые некоему Мессии или Святому, которого мы специально для этого посылаем в этот мир, но я утверждаю, что эти Записи вызывали в прошлом суеверное благоговение, которое сводило на нет все их достоинства, потому что их слишком часто неверно истолковывали.

Туземцы не понимали смысла того, что содержится в писаниях, а брали только внешнюю сторону и при этом часто неправильно ее интерпретировали. Часто они сами наносили ущерб своим открытиям, создавая искусственную систему каст, когда отдельные туземцы полагали, что ОНИ избраны Высшими Силами, чтобы учить и проповедовать то, что НЕ было написано.

У них нет никакого реального представления о нас и нашем внешнем пространстве. Когда они видят наши корабли, ведущие наблюдение, они принимают их за различные природные небесные объекты или за галлюцинации очевидцев, которых в результате осмеивают и часто подвергают сомнению состояние их психики.

Они верят, что Человек создан по образу и подобию Бога и поэтому не может быть жизни более великой, чем жизнь человека. Они твердо убеждены в том, что этот ничтожный мир есть ЕДИНСТВЕННЫЙ источник жизни, даже не подозревая о том, что число населенных миров больше, чем число песчинок, которое насчитывается во всем их мире, и что их мир один из самых маленьких и незначительных.

Они верят, что ОНИ являются Хозяевами Жизни и что все животные являются их добычей, хотя продолжительность их собственной жизни позволяет им только бросить беглый взгляд на мир. По сравнению с нами они похожи на насекомых, которые живут только один день и должны успеть за это время родиться, достичь зрелости, несколько раз спариться и умереть — и все это за считанные часы. Наша средняя продолжительность жизни составляет пять тысяч лет, их — пять десятков лет.

И все это, леди и джентльмены, из-за их особой веры и их трагически неверных представлений. Именно поэтому мы игнорировали их в прошлом, но теперь наши Мудрецы утверждают, что в течение ближайших пятидесяти лет эти туземцы откроют некоторые секреты атома. И в результате они могут взорвать свой маленький мир. И тогда опасные дозы излучения могут проникнуть в космическое пространство, создав угрозу его загрязнения.

Как известно большинству из вас, Мудрецами было отдано распоряжение найти подходящего туземца — мы нашли вот этого — и обработать его мозг таким образом, чтобы он мог запомнить все, чему мы собираемся его научить. Он должен быть поставлен в такие условия, чтобы он мог передать эти знания ТОЛЬКО одному человеку, которого мы, когда придет время, поместим в этот мир, чтобы он рассказал всем, кто будет слушать, факты, а не вымыслы о других мирах за пределами этой маленькой вселенной.

Этот туземец, самец, специально подготовлен, чтобы стать реципиентом сообщения, которое будет ему передано и которое он позже передаст другому. Напряжение будет очень сильным, он может его не выдержать, поэтому давайте пожелаем ему силы, потому что, если его жизнь закончится на этом столе, нам придется опять начинать искать другого, а это, как мы уже убедились, довольно утомительное занятие.

Некоторые члены экипажа полагали, что мы должны взять туземца из более развитой страны, — того, кто пользуется хорошей репутацией среди своих товарищей, но мы считаем, что это было бы неправильным решением: дать знания такому туземцу и отпустить его к своим товарищам — значит обеспечить его немедленную дискредитацию среди других ему подобных, что существенно задержит осуществление нашей программы.

Вы, все, кто здесь находится, должны стать свидетелями этого обращения к Прошлому. Это очень редко случается, поэтому помните, что вы принадлежите к избранным.

Не успел этот Великий кончить свою речь, как поднялось очень странное шуршание и скрип. А потом раздался Голос, но КАКОЙ Голос! Это не был человеческий голос, это не был голос ни мужчины, ни женщины. Услышав его, я почувствовал, как мои волосы встали дыбом, а кожа покрылась мурашками озноба.

— Я прошу записать, что как Старший Биолог, который не несет ответственности ни за флот, ни за армию, — дребезжал этот на редкость неприятный голос, — я не одобряю этих действий. Мой полный отчет будет оформлен должным образом и направлен в Главное Управление. А сейчас я требую, чтобы меня выслушали.

Казалось, у всех собравшихся перехватило дыхание. Потом донеслись беспокойные движения, и наконец поднялся первый выступающий.

— Как Адмирал этой флотилии, — произнес он резко, — я командую этой экспедицией по наблюдению, независимо от того, какие особые аргументы может выдвинуть наш рассерженный Старший Биолог. Тем не менее послушаем еще раз аргументы оппозиции. Можете продолжать, Биолог!

Не произнеся ни слова благодарности, без каких бы то ни было формальных приветствий, медлительный дребезжащий голос продолжал:

— Я возражаю против бессмысленной траты времени. Я протестую против любых новых попыток использовать эти несовершенные создания. В прошлом, когда их раса оказалась неудовлетворительной, они были истреблены, а планета была засеяна заново. Давайте сохраним свое время и труд и уничтожим их прежде, чем они успеют загрязнить космос.

— А есть ли у вас, Биолог, какие-то конкретные объяснения того, ПОЧЕМУ они несовершенны? — прервал его Адмирал.

— Да, есть, — ответил Биолог, и в голосе его послышалась злость. — Самки этого вида несовершенны. Их механизм воспроизведения содержит дефекты, их аура не соответствует тому, что было запланировано. Мы недавно поймали одну из них в той местности, которую рекомендовали нам как лучшую местность в этом мире. Она визжала и сопротивлялась, когда мы снимали с нее одежды, в которые она была закутана. А когда мы ввели зонд в ее тело, чтобы сделать анализ его выделений, она сначала впала в истерику, а потом потеряла сознание. Позже, придя в сознание, она увидела одного из моих помощников и его вид лишил ее разума, если они вообще им обладают. Мы вынуждены были ее уничтожить, и несколько дней нашей работы пошли насмарку.

Старый отшельник замолчал и сделал глоток воды.

Молодой монах был просто ошеломлен теми странными вещами, которые он услышал, теми странными событиями, которые произошли с его наставником. Некоторые из его описаний казались до странности ЗНАКОМЫМИ. Он не мог объяснить почему, но некоторые замечания старого отшельника вызвали странное волнение, как будто в нем воскресли подавленные воспоминания. Как будто рассказ отшельника послужил настоящим катализатором. Осторожно, боясь расплескать воду, старый человек поставил рядом с собой чашу, сложил руки и продолжал свой рассказ.

— Находясь на этом столе, я слышал и понимал каждое слово. Все страхи и сомнения покинули меня. Я должен показать этим людям, как тибетский священнослужитель живет или умирает. Движимый своей природной неосторожностью, я громко сказал:

— Смотрите, сэр Адмирал! Ваш биолог еще более далек от цивилизации, чем я, потому что МЫ не убиваем даже тех, кого считаем низшими животными. МЫ — более цивилизованные создания!

На мгновение наступила полная тишина. Казалось, зал перестал дышать. Потом, к моему глубочайшему изумлению, раздался взрыв аплодисментов, и с разных сторон послышался смех. Люди громко хлопали рука об руку, что, как я понял, было признаком выражения одобрения. Раздались крики восхищения, а какой-то стоявший рядом со мной работник нагнулся и прошептал:

— Молодец, Монах, молодец. Теперь больше ничего не говори, не искушай судьбу!

Заговорил Адмирал.

— Вы слышали, что сказал туземный Монах. К моему удовлетворению, он продемонстрировал, что действительно является разумным созданием и вполне пригоден для выполнения порученной ему задачи. И я, э-э, полностью одобряю его замечание и включу его в свой отчет, который буду отправлять Мудрецам.

— Я не участвую в эксперименте, — огрызнулся Биолог.

С этими словами создание — он, она или оно — с невероятным шумом удалилось из зала заседаний. Раздался общий вздох облегчения: по-видимому, Старший Биолог не пользовался у них большим расположением.

В ответ на распоряжение, отданное с помощью жеста, которого я не мог видеть, шепот стих. Послышалось легкое шарканье ног и шелест бумаги. Атмосфера ожидания стала почти осязаемой.

— Леди и джентльмены, — донесся голос Адмирала, — теперь, когда мы избавились от возражений и помех, я хочу сказать несколько слов для тех, кто впервые попал на этот Наблюдательный Пост. До некоторых из вас доходили слухи, но слухи никогда не заслуживают доверия. Я собираюсь рассказать вам, что должно произойти, что все это значит, чтобы вы лучше могли оценивать события, в которых вы скоро примете участие.

Люди этого мира разработали технологию, которая, если ее не контролировать, может их уничтожить. В процессе этой работы они могут так загрязнить космос, что это окажет вредное влияние на другие зарождающиеся миры этой группы. Мы должны этому помешать. Как вам хорошо известно, этот и другие миры данной группы — наша опытная почва для различных типов созданий.

Подобно тому как растения, за которыми не ухаживают, дичают, так и в мире животных: они могут быть чистопородными или помесью. Люди этого мира относятся к последним. Мы, кто засевал этот мир расой гуманоидов, должны теперь гарантировать, чтобы нашим другим посевам в других мирах не грозила опасность.

Перед нами туземец из этого мира. Он из той группы стран, которая называется Тибетом. Там *теократия*, то есть страна управляется лидером, который придает большее значение строгому соблюдению религиозных правил, чем политике. В этой стране отсутствует агрессия. Никто не ведет борьбы за земли соседа. Все они, за исключением представителей более низкого уровня, которые почти все без исключения являются туземцами, пришедшими из других стран, не отнимают жизнь у животных.

Хотя их религия и кажется нам вымышленной, они полностью ей следуют и не досаждают другим народам, не пытаются силой заставить их принять ту же веру. Они наиболее миролюбивы, и нужны очень серьезные побуждения, чтобы заставить их прибегнуть к силе. Поэтому было естественно предположить, что именно здесь мы сможем найти туземца с феноменальной памятью, которую мы сможем еще усилить; туземца, которому мы сможем внушить знания, чтобы он передал их другому, которого мы позже пошлем в этот мир.

У некоторых из вас может вызвать недоумение, почему мы не можем их передать непосредственно через нашего представителя. Мы не можем этого сделать с полной уверенностью, потому что это приведет к упущениям и искажениям. Мы уже неоднократно пытались прибегнуть к такому способу, но никогда не получалось так, как нам того хотелось.

Как вы позже увидите, значительного успеха мы добились с помощью человека, которого земляне называют Моисеем. Но даже в этом случае переданные знания не были ПОЛНЫМИ, и в них преобладают ошибки и неправильные толкования. Теперь, несмотря на возражения нашего уважаемого Старшего Биолога, мы хотим попытаться использовать ту систему, которую разработали Мудрецы.

Точно так же, как еще миллионы земных лет назад мы совершенствовали свою научную квалификацию, мы совершенствовали метод передачи *Хроник Акаши*. В созданной учеными системе каждый, кто находится внутри специального устройства, может видеть все, что происходило в прошлом. Настолько, насколько позволит ему его воображение, этот человек действительно ПЕРЕЖИВЕТ весь этот опыт: он сможет ВИДЕТЬ и СЛЫШАТЬ все точно так же, как если бы он жил в эти незапамятные времена. Для него все будет происходить так, как будто он действительно НАХОДИТСЯ ТАМ!

Особое приспособление, соединенное с его мозгом, позволяет каждому принять в этом участие. Он — вы — или, скажем, «мы» — должны отказаться от всех целей и намерений, чтобы существовать в пределах этого времени и этой воли, так чтобы наши ощущения, зрение, слух и эмоции принадлежали этим давно прошедшим годам, настоящую жизнь и события которых мы должны переживать точно так же, как мы переживаем все, что происходит с нами здесь, сейчас, на борту этого корабля или на маленьких сторожевых кораблях, или же в наших подземных лабораториях, расположенных глубоко под поверхностью этого мира.

Я не пытался полностью разобраться в принципах, заложенных в эту систему. Некоторые из находящихся в этом зале разбираются во всем этом значительно лучше меня, и именно поэтому вы здесь и находитесь. Некоторые, кто исполняет здесь различные вспомогательные обязанности, знают меньше меня, и именно им адресованы мои разъяснения.

Вспомним, что для нас тоже существует что-то святое в жизни. Некоторые из вас могут относиться к этому туземцу с Земли просто как к лабораторному животному, но, как он уже показал, он обладает чувствами. Он обладает интеллектом и — запомните это хорошо — в данный момент для нас это самое ценное создание в мире. Вот почему он находится здесь.

Некоторые из вас могут спросить: «Но как, набив это создание знаниями, можно спасти мир?» Мой ответ — его спасти нельзя.

Адмирал сделал драматическую паузу.

Я, естественно, не мог его видеть, но предполагал, что другие испытывают то же напряжение, которое переполняло меня. Выждав несколько секунд, он продолжал:

— Этот мир очень болен. МЫ хорошо знаем, как он болен. Хотя и не знаем, почему. Мы пытаемся это узнать. Первая наша задача — это осознать, что это болезненное состояние действительно существует, во-вторых, мы должны убедить живущих в нем людей, что они больны. В-третьих, мы должны внушить им желание вылечиться. В-четвертых, мы должны точно определить, в чем природа заболевания. В-пятых, мы должны разработать лекарство, и, в-шестых, мы должны убедить людей делать то, что поможет эффективному лечению.

Болезнь связана с аурой. Пока мы еще не можем определить, почему. Должен прийти другой, посланник из другого мира, — ибо может ли человек заметить недомогание своих слепых собратьев, если он тоже слеп?

Это замечание подействовало на меня, как удар. Оно мне показалось противоречащим всему, что он говорил: я был слепым, и тем не менее они выбрали именно меня для этой работы. Но нет, не меня: я должен стать только хранилищем каких-то знаний. Знаний, которые дадут возможность другому действовать в соответствии с заранее намеченным планом. Но Адмирал продолжал свою речь.

— Наш туземец, после того как мы его подготовим и закончим с ним свою работу, будет перенесен в такое место, где он сможет прожить очень долгую (для него) жизнь. Он не сможет умереть, пока не передаст свои знания. Благодаря годам слепоты и одиночества он приобретет внутренний покой и понимание того, что он должен многое сделать для своего мира. А теперь проверим в последний раз состояние туземца и начнем.

После этого началась сильная, хотя и довольно упорядоченная суета. Я ощущал мягкие движения вокруг себя. Мой стол схватили, подняли и понесли вперед. Опять послышалось знакомое звяканье, которое возникает при соприкосновении стекла с металлом. Главный Хирург подошел ко мне и прошептал:

— Как тебе сейчас?

Мне трудно было понять КАК я сейчас или ГДЕ я сейчас, поэтому я ответил:

— То, что я услышал, не могло способствовать тому, чтобы я лучше себя чувствовал. Но почему у меня до сих пор нет зрения? Как я смогу пережить все эти чудеса, если вы опять не дадите мне зрения?

— Не волнуйся, — прошептал он, стараясь меня успокоить, — все будет хорошо. В нужный момент ты будешь видеть самым наилучшим образом.

Он сделал паузу, прислушиваясь к реплике, которую кто-то бросил ему, проходя мимо, потом продолжал:

— Вот как это будет выглядеть: мы наденем тебе на голову что-то вроде шапки из проволочной сетки. Она будет казаться тебе холодной, пока ты к ней не привыкнешь. Потом мы наденем на стопы твоих ног приспособления, которые ты мог бы назвать проволочными сандалиями. К твоим рукам уже присоединены провода.

Сначала ты почувствуешь странное и, возможно, неприятное покалывание, но это скоро пройдет, и ты больше не будешь испытывать никакого физического дискомфорта. Уверяю тебя, мы сделаем все возможное, чтобы ты чувствовал себя хорошо. Это имеет очень большое значение для всех нас. Мы все хотим, чтобы все прошло успешно: мы все слишком много теряем в случае неудачи.

— О да, — прошептал я, — но я могу потерять больше любого из вас: я могу потерять свою жизнь!

Главный Хирург остановился и повернулся в другую сторону:

— Сэр! — сказал он очень официальным тоном. — Я обследовал туземца и считаю, что он готов. Разрешите приступить?

— Разрешаю, — донесся степенный голос Адмирала. — Приступайте!

Послышался резкий щелчок и какое-то бормотание. Чьи-то руки схватили меня за шею и приподняли голову. Другие руки натянули на нее что-то, что показалось мне мешком из мягкой проволоки, который закрыл всю голову, лицо и грудную клетку. Потом раздались три странных отрывистых звука, и металлический мешок крепко затянули и привязали к моей шее. Руки удалились.

В то же время другие руки работали над ступнями моих ног. На них нанесли какой-то странный, скользкий, дурно пахнущий лосьон, а потом надели два металлических мешка. Я не привык, чтобы мои ноги были так стеснены, и это было, пожалуй, самым неприятным. Но мне ничего не оставалось делать. Атмосфера напряженного ожидания нарастала...

Внезапно старый отшельник, прервав свой рассказ, опрокинулся на спину. Молодой монах окаменел от ужаса и долго не мог прийти в себя, но очень скоро ощущение опасности заставило его действовать. Он быстро вскочил на ноги и принялся шарить под камнем в поисках спрятанного там лекарства, приготовленного как раз для такого случая.

Отвинтив крышку дрожащей рукой, он опустился перед старым человеком на колени и влил несколько капель через его ослабевшие губы. Очень осторожно, стараясь не пролить ни единой капли, он закрыл пузырек и положил его на место. Уложив голову отшельника себе на колени, юноша стал мягко поглаживать его виски.

Постепенно смертельная бледность стала отступать. Очень медленно старый отшельник начал приходить в сознание. Наконец он приподнял дрожащую руку и произнес:

— А-а, ты сделал все как надо, мой мальчик, ты сделал все как надо. Теперь я должен немного отдохнуть.

— Почтенный, — сказал молодой монах, — отдыхай, я приготовлю тебе горячий чай, у нас еще осталось немного сахара и масла.

Он заботливо положил под голову старца свое сложенное одеяло и поднялся.

— Я пойду вскипячу воду, — сказал он, поднимая жестянку, которая еще была наполовину заполнена водой.

Снаружи, в холодном предвечернем воздухе, было как-то странно думать о тех удивительных вещах, которые он услышал. Странно, потому что многое из этого казалось ... ЗНАКОМЫМ. Знакомым, но забытым. Это было подобно пробуждению от сна, только память об этом времени устремилась назад, вместо того чтобы расплыться, как это обычно бывает после сна.

Угли костра еще были раскалены. Он быстро подбросил в него мелких веток, и над костром поднялось голубоватое облако дыма. Легкий ветерок блуждал по горному склону, то окутывая молодого монаха клубами дыма, то унося дым прочь. Дым разъедал глаза и вызывал кашель. Когда костер опять разгорелся, он осторожно поставил жестянку в самую его середину, рядом с ярким пламенем. Потом он вернулся в пещеру, чтобы проверить, как чувствует себя старый отшельник.

Старый человек продолжал лежать, но было видно, что ему значительно лучше.

— Мы выпьем чаю и съедим немного ячменя, а потом я буду отдыхать до утра, мне необходимо сохранять свои угасающие силы, иначе я могу умереть, и моя задача останется невыполненной.

Молодой монах опустился перед старцем на колени и посмотрел на его истощенное тело.

— Все будет, как ты скажешь, Почтенный, — ответил он. — Я пришел, чтобы убедиться, что с тобой все в порядке, а теперь я схожу за ячменем и позабочусь о чае.

Он мягко поднялся и отправился в конец пещеры к хранящимся там запасам. Он уныло посмотрел на ничтожное количество сахара, оставшееся на дне мешка. Еще большее уныние вызвал у него крохотный кусочек масла. Чаю было достаточно, нужно было только встряхнуть брикет и выбрать негодные веточки и листья. Ячмень тоже был в достаточном количестве.

Молодой монах решил отказаться от сахара и масла, чтобы больше досталось старцу.

В жестянке на костре весело кипела вода. Молодой монах всыпал чай, энергично его размешал, потом, чтобы улучшить вкус, добавил щепотку буры. День клонился к закату, солнце быстро садилось. А еще нужно было переделать много работы. Надо принести еще дров, принести воды, к тому же он в течение дня не делал никаких физических упражнений. Повернувшись, он поспешил в сгущающийся мрак пещеры. Старый отшельник сидел в ожидании чая. Он бережно всыпал небольшое количество ячменя в свою чашу, положил туда маленький кусочек масла, потом протянул чашу юноше, чтобы тот налил туда чаю.

— Такого наслаждения я не испытывал больше шестидесяти лет, — воскликнул он. — Я думал, что мне и не захочется ничего после всех этих лет. Я сам даже не мог разжечь костер, однажды попробовал — и моя мантия попала в огонь. У меня до сих пор сохранились следы ожогов, хотя они уже и зажили. Прошло несколько недель, прежде чем они зажили. Да ладно, что-то я пытаюсь себя пожалеть!

— У тебя есть преимущество, Почтенный, — рассмеялся молодой монах. — Свет и тьма ничего не значат для тебя. В этой темноте я разлил свой чай, потому что я его не вижу.

— О! — воскликнул старец. — Возьми мой.

— Нет-нет, Почтенный, — ответил юноша с нежностью в голосе, — у нас его достаточно. Я сейчас налью себе еще.

Какое-то время они сидели молча, потягивая чай. Потом молодой монах поднялся и сказал:

— А сейчас я пойду принесу еще воды и веток для костра. Могу я взять твою чашу, чтобы вымыть ее?

Юноша направился к выходу из пещеры, неся опустошенный жестяной сосуд и две чаши в нем. Старый отшельник сидел, выпрямив спину и ожидая, как он привык ожидать много прошедших десятилетий.

Солнце уже опустилось за горизонт. Верхушки горных пиков еще купались в его золотых лучах, на глазах молодого монаха постепенно приобретая пурпурный оттенок. Глубоко внизу, на затененных склонах горной гряды, одна за другой вспыхивали светлые точки — это зажигались масляные лампы в далеких монастырях Равнины Лхасы.

Еще ниже, в долине, вырисовывались темные очертания монастыря Дрепунг, напоминающие обнесенный стеной город. Отсюда, со склона горы, молодому монаху хорошо был виден Город, монастыри, мерцающая поверхность Счастливой Реки. На противоположном склоне была видна Потала и Железная гора, которые, даже несмотря на большое расстояние, выглядели очень внушительно.

Но нельзя было терять время зря! Молодой монах, отругав себя за медлительность, поспешил к озеру по быстро темнеющей тропе. Он старательно вымыл и вычистил песком обе чаши и сосуд для воды, торопливо зачерпнул полный сосуд чистой воды и направился обратно, волоча за собой большую ветку, которую не смог захватить в прошлый раз, так как был сильно нагружен.

Ветка была большой и тяжелой, и он остановился на минуту, чтобы перевести дыхание: далеко впереди, на горном пути, ведущем в Индию, вспыхивали мерцающие огоньки — это караван купцов разбивал свой ночной лагерь. Ни один купец не отправится в путь ночью.

Сердце юноши сильно забилось. Завтра купцы опять медленно двинутся в путь по горным тропам и, без сомнения, прежде чем отправляться в Лхасу, разобьют лагерь на берегу озера. Чай! Масло! На лице молодого человека появилась радостная улыбка. Он с новыми силами взялся за свою ношу.

— Почтенный! — позвал он, входя в пещеру. — Я видел купцов на горной дороге. Может быть, завтра мы получим масло и сахар. Я буду внимательно за ними наблюдать.

Старый человек усмехнулся.

— Хорошо, а теперь спать, — бросил он. Молодой человек помог ему подняться и положил его руку на стену. Нетвердой походкой старец вошел во внутреннюю часть пещеры.

Молодой человек опустился на песок и выкопал углубление для своей бедренной кости. Некоторое время он лежал, обдумывая все, что услышал от старого отшельника. Правда ли, что люди — это всего лишь сорная трава? Просто подопытные животные?

«Нет, — подумал он, — некоторые из нас проявляют столько энергии в самых трудных условиях, и наши лишения толкают нас вперед и выше, потому что на вершине всегда найдется место!»

С этими мыслями он крепко уснул.

ГЛАВА СЕДЬМАЯ

Молодой монах вздрогнул и перевернулся. Он сонно потер глаза и сел. Входное отверстие вырисовывалось тусклым серым пятном на фоне черной тьмы пещеры. Он почувствовал, как его обжигает холодный воздух.

Юноша быстро натянул мантию и поспешил к выходу. Воздух здесь действительно был очень холодным. Ветер, стонущий в кронах деревьев, громко шелестел листвой. Маленькие птички жались поближе к стволам с подветренной стороны. Поверхность озера была мутной и беспокойной, гонимые ветром волны тяжело ударялись о берег, заставляя тростник низко гнуться, подчиняясь силе.

Зарождающийся день был серым и тревожным. Стремительно набегающие черные тучи вздымались над горным хребтом и спускались вниз по склону, как будто овцы, гонимые собаками, спущенными с неба. Горные дороги спрятались в тучах, таких же черных, как сами скалы. Облака продолжали мчаться вниз, уничтожая очертания селений и окутывая Равнину Лхасы густым туманом.

Внезапный порыв ветра — и облако накрыло молодого монаха с головой. Оно было настолько плотным, что юноша уже не видел входа в пещеру. Он не видел даже своих рук, поднося их к самому лицу. Слева от него шипел, выбрасывая снопы искр, костер, когда на него падали капли сгустившегося тумана.

Молодой монах поспешно наломал веток, бросил их в еще тлеющий огонь и начал усиленно дуть, чтобы они скорее загорелись. Влажная древесина шипела и дымила, и прошло довольно много времени, прежде чем появилось пламя.

Стоны ветра переходили в пронзительный визг. Облака становились плотнее, и внезапно тяжелые удары крупных градин заставили молодого человека укрыться в пещере. Костер зашипел и стал медленно угасать. Прежде чем он окончательно потух, молодой монах стремительно бросился к нему и схватил ветку, которая еще продолжала гореть. Он быстро втащил ее в устье пещеры, где скалы защищали ее от сильных порывов штормового ветра. К несчастью, ему пришлось опять выскочить наружу, чтобы спасти как можно больше дров, с которых теперь уже стекала вода.

Некоторое время он стоял, тяжело дыша после своих усилий, потом снял с себя мантию, чтобы как следует ее отжать. Теперь уже туман начал проникать в пещеру, и молодой человек чувствовал, как он проходит все глубже, цепляясь за каменные стены. Он осторожно прокладывал свой путь, пока наконец не столкнулся с большой скалой, под которой он решил устроиться отдохнуть.

— В чем дело? — донесся голос старого отшельника.

— Не беспокойся, Почтенный, — ответил молодой человек, — спустились облака и погасили наш костер.

— Это не страшно, — философски заметил старый человек, — пока не было чаю, была вода, так что будем пить воду и отложим чай и тсампу до тех пор, пока не сможем опять разжечь костер.

— О, Почтенный, — ответил молодой человек, — посмотрим, не удастся ли мне снова разжечь костер — под прикрытием нависающей скалы, я успел спасти горящую ветку.

Он отправился к выходу. Градины продолжали стремительно падать, уже вся земля была покрыта ледяной галькой. Тьма стала еще непроглядней. Вдруг раздался звук, похожий на щелканье кнута, а вслед за ним последовало глухое громыхание грома, многократно усиленное эхом.

Поблизости послышался грохот падающих камней, и земля задрожала от их ударов о каменное подножие горы. Один из камнепадов, которые часто вызывают вибрации, создаваемые громом. А может, молния расколола большую скалу.

Молодой человек подумал, что еще одну хижину отшельника может смести со склона, подобно перышку в бурю. Он постоял, прислушиваясь, не слышно ли криков о помощи. Наконец он вернулся назад и остановился у тлеющей ветки. Он стал заботливо подбрасывать маленькие веточки, пытаясь опять разжечь огонь. Штормовой ветер срывал поднимающиеся густые клубы дыма, унося их в долину, но огонь, защищенный выступом скалы, быстро разгорался.

В пещере старый отшельник весь дрожал от холода, влажный воздух легко проходил через тонкую изношенную мантию. Молодой монах ощупал свое одеяло, оно тоже было насыщено влагой. Взяв старого человека за руку, он медленно повел его к выходу из пещеры и усадил его там. Он заботливо пододвигал горящие веточки поближе к старцу, чтобы тот мог согреться.

— Я приготовлю чай, — сказал он, — огонь разгорелся достаточно хорошо. — С этими словами он поспешно направился в пещеру и вскоре вернулся, неся жестянку с водой и ячмень. — Я отолью половину воды, — сказал он, — тогда нам не придется долго ждать, к тому же, костер слишком мал для полной жестянки.

Так они сидели бок о бок, защищенные от бешеных натисков стихии нависающей скалой и боковым выступом. Их окружали плотные тучи, сквозь них не проникал ни птичий щебет, ни другие звуки.

— Будет очень суровая зима, — воскликнул старый отшельник. — К счастью, мне не придется ее пережить. Как только я передам тебе все знания, я смогу проститься с жизнью и быть свободным, чтобы отправиться в Небесные Поля, где я опять буду зрячим.

С минуту он молча о чем-то размышлял, а молодой монах тем временем наблюдал за легким облачком пара, поднимающимся над поверхностью воды в жестянке. Потом старец продолжал:

— Поистине, было трудно ждать все эти годы в полной темноте, не имея ни единого человека, которого можно было бы назвать другом, прожить одному в такой бедности, что даже горячая вода кажется роскошью. Год проходил за годом, я провел долгую жизнь здесь, в этой пещере, отходя от нее не дальше, чем я сейчас отошел к этому костру. Я так долго хранил молчание, что мой голос больше напоминает ворчание. Пока не появился ты, у меня во время страшных ураганов, когда удары грома сотрясают горы и скалы рушатся вниз, угрожая замуровать меня в этой пещере, не было ни огня, ни тепла, ни дружеского общения.

Молодой человек поднялся и закутал его плечи одеялом, которое огонь уже успел просушить. Потом он вернулся к жестянке с водой, в которой уже появлялись веселые пузырьки. Он опустил в воду значительную часть брикета чая. Пузырьки исчезли, как только холодные частицы снизили температуру воды ниже точки кипения. Но вскоре от ее поверхности опять пошел пар, и молодой человек опустил туда щепотку буры и весь оставшийся сахар. Он энергично размешал все свежеочищенной палочкой, а плоский кусок дерева использовал для того, чтобы удалить обломки веточек чая.

Тибетский чай — китайский чай — это самый дешевый вид чая, состоящий из остатков, сметаемых после производства более высоких сортов. Это чай, который остается после того, как женщины собирают с растения все лучшие листья, а само растение выбрасывают в придорожную пыль. Все эти остатки спрессовываются в блоки или брикеты и отправляются по горным дорогам в Тибет, где местные жители, которые не могут приобрести ничего лучше, получают эти брикеты в обмен на свою продукцию, и они служат одним из основных продуктов питания в их тяжелом существовании. Бура является необходимой добавкой, потому что этот чай настолько грубый и необработанный, что часто вызывает желудочные колики. Вот почему важную часть ритуала приготовления чая составляет очищение поверхности от обломков веточек!

— Почтенный, — спросил молодой монах, — неужели ты никогда не был у озера? Ни разу не выходил за эту большую каменную плиту справа от пещеры?

— Нет, — ответил отшельник, — с тех пор как Люди из Космоса перенесли меня в эту пещеру, я никогда не был от нее дальше того места, где мы сейчас с тобой сидим. Почему? Я не видел, что меня окружает, идти к озеру было бы слишком опасно, я легко мог свалиться вниз. После долгих лет, проведенных в пещере, в полной темноте, я обнаружил, что солнечные лучи причиняют мучения моему телу. Когда я впервые оказался здесь, мне нравилось приходить сюда и греться в солнечных лучах, но потом в течение долгих лет я не выходил из пещеры. Что за погода сегодня?

— Плохая погода, Почтенный, — ответил молодой монах. — Я вижу наш костер, я вижу слабые очертания скалы за ним. Все остальное окутано густым серым туманом. Со стороны гор, со стороны Индии идут грозовые тучи.

От нечего делать он стал рассматривать свои ногти — слишком длинные они выросли. Это мешает. Пошарив вокруг, он нашел кусок пористой горной породы, выброшенный при извержении вулкана много лет назад. Он начал энергично тереть им каждый ноготь, пока тот не становился достаточно коротким. Потом ногти на ногах — они были утолщенными и твердыми. Но тоже слишком длинными. Он тщательно обработал одну ногу, затем вторую, пока не привел в порядок все ногти.

— Дорога совсем не видна? — спросил старый человек. — Не застряли ли купцы в горах из-за тумана?

— Это вполне вероятно! — воскликнул юноша. — Наверное, они читают свои молитвы в надежде отогнать дьяволов. Мы не увидим сегодня купцов, пока не сойдет туман. И кроме того, земля покрыта смерзшимися градинами, его здесь выпало очень много.

— Ну что ж, — сказал старец, — продолжим нашу беседу. Найдется еще немного чаю?

— О да, еще есть, — ответил молодой монах. — Я налью в твою чашу, но ты должен быстро его выпить, потому что он слишком скоро стынет. Держи. А я подброшу еще немного дров.

Он осторожно передал чашу в протянутые руки старого человека, а сам поднялся, чтобы подбросить веток в радостно приветствовавший их костер.

— Я схожу спасу для нас от дождя еще немного дров, — сказал юноша, исчезая в густом тумане.

Скоро он вернулся, волоча за собой ветки, которые сразу разложил вокруг костра. От близости огня из них пошел пар, и ветки быстро начали подсыхать.

— Почтенный, — сказал он, усаживаясь рядом со старым отшельником, — если ты готов рассказывать, то я готов слушать.

Несколько минут старый человек хранил молчание, вероятно, опять мысленно переживая эти давно прошедшие дни.

— Как странно, — сказал он наконец, — сидеть здесь, беднейшим из бедных, бедным даже среди бедняков, и размышлять о чудесах, свидетелем которых я был. Я много пережил, много видел, и мне многое было обещано. Страж Небесных Полей уже почти готов приветствовать меня у себя. Единственная вещь, которой я действительно научился, и которую ты должен навсегда запомнить: ЭТА жизнь — это жизнь тени. Если мы выполним в ЭТОЙ жизни свою задачу, после мы отправимся в НАСТОЯЩУЮ жизнь. Я знаю это, потому что я это видел. Но продолжим то, что я должен тебе рассказать. На чем я остановился?

Он запнулся и какое-то время сидел молча. Молодой монах воспользовался этой возможностью, чтобы подбросить дров в огонь. Вскоре отшельник опять заговорил:

— Да, напряженная атмосфера в каменном помещении все нарастала, и самое сильное напряжение испытывал я. Это естественно, ведь больше всех рисковал Я! Наконец, когда напряжение стало почти невыносимым, Адмирал отдал отрывистую команду. Возле моей головы появился какой-то технический работник, потом послышался щелчок. И тут же я почувствовал, как адская боль пронзила все мое тело: мне казалось, что я раздуваюсь и что сейчас меня разорвет на части.

Яркая молния пронзила мой мозг и мне показалось, что мои пустые глазницы наполнились раскаленными углями. Меня захлестнула непереносимая щемящая боль, потом раздался резкий болезненный треск, и я, закружившись в сумасшедшем вихре, полетел (я это чувствовал) через вечность. Грохот, громкие хлопки и угрожающие звуки сопровождали меня.

Кружась и кувыркаясь, я падал все ниже и ниже. Потом я почувствовал себя так, как будто нахожусь в длинной черной трубе из облегающего шерстяного материала, а в конце этой трубы появилось кроваво-красное зарево. Кружение стало ослабевать, и я начал очень медленно подниматься к этому зареву.

Время от времени я опять соскальзывал вниз, иногда останавливался, но всякий раз ужасное давление, причиняя мне невыносимую боль, безжалостно толкало меня вверх. Наконец я достиг источника, от которого исходило кроваво-красное зарево, и смог остановиться. Какая-то пленка или мембрана, в общем, НЕЧТО преградило мне путь. Снова и снова бросало меня на это препятствие. Снова и снова что-то мешало мне его преодолеть. Боль и страх возрастали. Прилив жестокой боли — и ужасающая сила опять швырнула меня на препятствие, раздался пронзительный звук рвущейся материи — и я стремительно пронесся через образовавшуюся дыру.

Я несся все выше, пока мое сознание не помутилось от пережитого шока. Появилось ощущение падения. В моем мозгу звучал чей-то голос, который назойливо повторял: «Поднимайся, поднимайся!» Волна за волной на меня накатывала тошнота. И все время этот настойчивый голос: «Поднимайся, поднимайся!» Наконец, в полном отчаянии, я с усилием открыл глаза и, спотыкаясь, поднялся на ноги.

Но нет, у меня НЕ БЫЛО тела: я был бесплотным духом, который мог свободно странствовать по этому миру. По этому миру? Но что такое этот мир? Я осмотрелся вокруг и увидел очень странную картину. Все цвета были искажены: трава была красной, скалы желтыми. Небо было зеленоватого оттенка и на нем было два солнца! Одно голубовато-белое, другое оранжевое. А тени! Невозможно описать все оттенки теней, отбрасываемых от света двух солнц. Но, что еще хуже, на небе были видны звезды. Среди бела дня! Там были звезды всех цветов: красные, синие, зеленые, янтарно желтые и даже белые. Они не были разбросаны по небу, как звезды, к которым мы привыкли: небо было покрыто этими звездами, подобно тому как наша земля покрыта камнями.

Издали донесся шум, какие-то незнакомые звуки. Как бы я ни напрягал воображение, я бы не смог назвать эти звуки музыкой, и тем не менее я не сомневался в том, что это музыка.

Опять раздался Голос, холодный и неумолимый: «ДВИГАЙСЯ, ЗАСТАВЛЯЙ себя идти туда, куда тебе хочется».

Я подумал о том, чтобы перенестись на то место, откуда доносились эти звуки, — и я сразу оказался там. На плоской лужайке, покрытой красной травой и окруженной пурпурными и оранжевыми деревьями, танцевала группа молодых людей. Одни были в одеждах поразительных расцветок, другие вообще без одежд. Я думаю, излишне говорить, насколько последние были возбуждены. Сбоку сидели люди на странных сиденьях на ножках и играли на инструментах, описать которые я не берусь. Еще труднее поддается описанию тот шум, который они производили! Все тона казались неверными, ритм ничего мне не говорил.

«Пройди среди них», — велел Голос.

Мне вдруг пришло в голову, что я плыву над ними, так что я велел себе оказаться на свободном клочке лужайки и тут же туда перенесся. Когда я коснулся травы, я почувствовал, что она горячая, и испугался, что обожгу ноги, пока не вспомнил, что у меня их нет, что я бесплотный дух. Это вскоре мне стало совершенно ясно: обнаженная молодая особа женского пола, преследующая кричаще одетого молодого человека, прошла прямо сквозь меня, и ни она, ни я ничего не почувствовали. Юная особа схватила своего парня и, обвив его руками, повела его за пурпурные деревья, откуда доносился визг и громкие радостные возгласы. Музыканты продолжали играть на своих странных инструментах и, казалось, для всех это было наполнено каким-то очень важным смыслом.

Против своего желания я поднялся в воздух. Мною управляли, как мальчишка управляет воздушным змеем, дергая его за веревочку. Я поднимался все выше и выше, пока не увидел блеск водной поверхности — но была ли это вода? Она была бледно-лилового цвета, а гребни волн отливали золотом. Эксперимент привел меня к смерти, решил я, я нахожусь в Лимбо, Земле Забытых Людей. НИ В ОДНОМ из миров не может быть таких цветов, таких странных вещей.

«Нет! — нашептывал этот безжалостный Голос в моем мозгу. — Эксперимент проходит успешно. Теперь ты получишь объяснения всему, что происходит, потому что ты должен быть хорошо информирован. ЖИЗНЕННО ВАЖНО, чтобы ты хорошо понял все, что будет тебе показано. Смотри очень внимательно».

Смотри внимательно! А что мне еще оставалось делать?

Я поднимался все выше и выше. Вдали за горизонтом я увидел яркое свечение. Оно принимало странные пугающие формы, напоминающие дьяволов у Врат Ада. Я с трудом различал светящиеся пятна, которые то прятались за горизонт, то опять поднимались, все время меняя свои очертания. Все вокруг было опоясано широкими шоссе, которые отходили от этих форм, подобно тому как лепестки отходят от центра цветка. Все это казалось мне исполненным тайн: я не мог представить себе природу того, что видел, и вынужден был плавать над всем этим, не переставая удивляться.

Внезапно я почувствовал, что меня опять заставили двигаться со все возрастающей скоростью. Высота моего полета быстро падала. Я опускался, совсем не прилагая к этому усилий, туда, где я начал различать отдельные дома, густо стоящие вдоль каждой из этих дорог. Каждый дом казался мне не меньше домов самых знатных жителей Лхасы, каждый был окружен большим участком земли. Странные металлические устройства неуклюже двигались по полям, выполняя те работы, описать которые мог бы только фермер.

Но потом, когда я спустился еще ниже, я обнаружил очень большое поместье, которое в основном было покрыто мелкой водой, а по воде проходили скамейки с отверстиями. На эти скамейки опирались удивительные растения, их корни свисали в воду. Красота и размеры этих растений превосходили все, что растет в грунте. Я уставился на них, удивляясь этому чуду.

Потом я опять поднялся на такую высоту, что смог видеть далеко вокруг. Формы, которые издали казались мне такими интригующими, теперь были гораздо ближе, но мой возбужденный мозг не мог понять, что я вижу: это было слишком изумительно, слишком неправдоподобно.

Я был всего лишь бедным жителем Тибета, скромным священнослужителем, который никогда не бывал за границей, если не считать одного короткого визита в Калимпонг. А тут моим удивленным глазам — у меня были глаза? — предстал огромный сказочный город. Шпили невероятных размеров вздымались в небо больше чем на полторы тысячи футов. Все шпили, или башни, были окружены спиральными балконами, от них отходили легкие подвесные дороги, которые потом переплетались, образуя сложнейшую паутину, еще более запутанную, чем та, что окружала эти шпили.

Движение на дорогах было очень оживленным. Над ними и под ними летали механические птицы, в которых сидели люди, и я с восхищением наблюдал, с каким искусством они избегают столкновения. Одна механическая птица мчалась прямо на меня. Я увидел в ней человека, который пристально смотрел в мою сторону, но меня не видел.

От мысли о том, что произойдет, когда мы столкнемся, я весь сжался от страха, но это хитроумное устройство пронеслось сквозь меня и я ничего не почувствовал. Чем был я? Да, я вспомнил, что теперь я бесплотный дух, но я хотел бы, чтобы кто-нибудь объяснил мне, как я могу испытывать все эмоции, особенно страх, точно так же, как это испытывает обычное тело.

Я без дела слонялся между этими шпилями и покачивался над дорогами. И тут я обнаружил новые чудеса: огромные сады, подвешенные высоко над землей, роскошные спортивные площадки. Но все цвета были неправдоподобными. Люди тоже были неправдоподобными. Одни были настоящими гигантами, другие карликами. Одни определенно относились к человеческой расе, другие — определенно нет. Некоторые представляли собой странную смесь человечьего и птичьего, с телами, как у людей, и птичьими головами. Одни были белыми, другие черными. Некоторые были красными, некоторые зелеными.

Здесь присутствовали все цвета, не только оттенки и полутона, но чистые основные цвета. У одних было по пять пальцев на каждой руке, у других по девять и среди них два больших пальца. А встречались существа с тремя пальцами, с рогами на висках и — хвостом! Мои нервы этого не выдержали, и я приказал себе как можно скорее подняться вверх.

С новой высоты я увидел, какую огромную площадь занимает город, он занимал все пространство, куда хватало глаз, но вдали виднелся просвет между высокими постройками. Здесь движение воздушного транспорта было особенно напряженным. Блестящие точки, потому что с такого расстояния они казались именно точками, стремительно проносились над поверхностью. Я почувствовал, что медленно двигаюсь в этом направлении.

Когда я приблизился, то обнаружил, что вся поверхность как будто покрыта стеклом, а на ней стоят странные металлические суда. Одни были сферической формы, и по их направлению движения казалось, что они отправляются за пределы этого мира. Другие, похожие на два соединенных вместе металлических кубка, тоже казались предназначенными для путешествий в другие миры. Некоторые как раз взлетали и напоминали брошенные копья. Поднявшись на определенную высоту, они отправлялись в какие-то неведомые места. Движение было огромным, и я с трудом мог поверить, что все эти люди могут поместиться в одном городе. Я подумал, что здесь собрались вместе обитатели всего мира. НО ГДЕ БЫЛ Я? Я почувствовал панику.

И тут я опять услышал Голос:

«Ты должен понять, что Земля — это очень маленькое место, Земля — это одна из мельчайших песчинок на берегах Счастливой Реки. Другие миры Вселенной, к которой принадлежит ваша Земля, так же мнгочисленны, как песчинки, камни и скалы, разбросанные по берегам Счастливой Реки. Но это только одна Вселенная. Вселенные так же многочисленны, как травинки в поле. Земное время — всего лишь вспышка в сознании космического времени. Земные расстояния вообще не имеют никакого значения, они так ничтожно малы, что их можно считать вообще не существующими по сравнению со значительно превосходящими их космическими расстояниями.

Сейчас ты находишься в очень далекой Вселенной, настолько удаленной от Земли, что это невозможно объяснить в известных тебе понятиях. Придет время, когда ученые вашего мира вынуждены будут признать, что существуют другие обитаемые миры, что Земля не является, как сейчас считают, центром творения. Сейчас ты находишься в основном мире группы, насчитывающей больше тысячи миров.

Каждый из этих миров обитаем, каждый из них подчиняется Мастеру своего мира. Каждый мир полностью самоуправляем, хотя все они следуют общей политике, которая направлена на устранение самых худших несправедливостей человеческой жизни. Целью их политики является улучшение условий для всех живущих в этих мирах.

Каждый мир населен различными существами. Одни из них, как ты уже мог заметить, очень маленькие, другие — огромные. Некоторые, по твоим представлениям, кажутся смешными или фантастическими, другие прекрасны, как ангелы, что ты тоже мог уже заметить.

Пусть тебя не вводит в заблуждение их внешний вид, все их намерения чисты. Эти люди — хозяева мира, в котором ты сейчас находишься. Было бы бесполезно и слишком утомительно для твоего рассудка называть тебе имена, потому что эти имена ничего не означают на твоем языке, в твоем понимании и только будут сбивать тебя с толку.

Эти люди, как я уже говорил, подчиняются Великому Мастеру своего мира, Тому, у кого нет никаких территориальных притязаний, Тому, чьей основной задачей является сохранение мира, так чтобы все люди, независимо от их внешнего вида, размеров и цвета кожи, могли прожить отпущенные им дни, посвятив себя добру вместо разрушения, которое приходит всякий раз, когда человек вынужден защищать себя.

Здесь не существует огромных армий, не существует сражающихся полчищ. Тут живут ученые, купцы и, конечно же, священнослужители, здесь есть также исследователи, которые отправляются в отдаленные миры, чтобы увеличить число тех, кто входит в это могущественное братство. Но никто не приглашает их присоединиться. Те, кто присоединяется к этому великому объединению, делают это по собственному желанию и только после того, как уничтожат свое оружие.

Мир, в котором ты сейчас находишься, расположен в центре этой конкретной Вселенной. Это центр культуры, центр знаний, и в данной Вселенной нет ни одного, который был бы больше этого. Здесь разработаны особые виды передвижения. Опять-таки, объяснения используемых для этого методов были бы невероятной умственной перегрузкой даже для величайших ученых Земли, они еще не достигли той стадии мышления, когда используются четырех- и пятимерные понятия, и все, что я бы ни сказал по этому поводу, покажется для них сплошной тарабарщиной, пока они не избавятся от всех своих представлений, которые так долго держат их в плену.

Картины, которые ты сейчас видел, принадлежат ведущему миру, каким он является на сегодняшний день. Мы хотим, чтобы ты в нем попутешествовал, чтобы увидел его могущественную цивилизацию, цивилизацию настолько развитую, настолько великолепную, что ты вряд ли сможешь это оценить. Цвета, которые ты наблюдал, отличаются от тех, к которым ты привык на Земле, но Земля не является центром цивилизации. В разных мирах цвета различны и зависят от обстоятельств и требований каждого из этих миров.

Ты посмотришь этот мир, и мой голос будет сопровождать тебя в твоем путешествии. Когда ты увидишь достаточно, чтобы понять все величие этого мира, ты отправишься в прошлое, и тогда ты сможешь увидеть, как открываются миры, как они рождаются и как мы пытаемся помочь тем, кто хочет помочь себе сам.

Запомни: мы находимся в космическом пространстве, которое не является совершенным, потому что совершенство не может существовать там, где хоть в какой-то части любой вселенной хоть кто-то пребывает в материальном состоянии, но мы стараемся, мы делаем все лучшее из того, что мы можем сделать.

Ты должен согласиться, что в прошлом были такие, кого можно назвать очень хорошими и, к великому сожалению, были и очень плохие. Но ваш мир, ваша Земля не является предметом нашей мечты, мы хотим, чтобы вы совершенствовали свой мир, но при этом мы должны быть уверены, что труды Человека не приведут к загрязнению Космоса и не причинят вреда жителям других миров. А сейчас ты должен лучше узнать этот, ведущий мир».

— Я стал размышлять обо всех этих мирах, — продолжал старый отшельник, — я старался проникнуть мыслью за все эти напыщенные фразы, потому что мне показалось, что разговоры о братской любви — не что иное, как грубый обман. ТО, что произошло со мной, думал я, как раз и показывает ложность всех его аргументов.

Допустим, что я действительно бедный невежественный туземец из очень бедной, безводной, недоразвитой страны. И абсолютно против моего желания меня хватают, оперируют и, насколько я могу понять, выгоняют из моего тела. И вот я здесь — но где? Так что все эти разговоры о благе человечества показались мне довольно несерьезными.

Голос опять прервал мои смешавшиеся мысли:

«Наши приборы, Монах, позволяют нам слышать все твои мысли, — произнес он, — все это не так, ты заблуждаешься. Мы являемся Садовниками, а садовники имеют право уничтожать мертвые деревья, вырывать сорные травы. Но когда появляется росток, который лучше обычного, садовник должен отделить этот росток от материнского растения и привить его там, где он может развиться в самостоятельное растение или дать даже лучший вид, чем его собственный.

Ты считаешь, что мы обошлись с тобой слишком грубо. По нашим же представлениям, ты удостоился чести, которую мы приберегаем только для очень немногих избранных представителей вашего мира, ты удостоился чести избранных».

В Голосе послышалось колебание, потом он продолжал:

«Наша история уходит в глубину многих биллионов лет по земному исчислению. Но попробуй представить себе, что вся жизнь вашей планеты, которую вы называете Землей, может быть обозначена высотой Поталы, тогда продолжительность существования Человечества на Земле можно сравнить с толщиной одного слоя краски на потолке комнаты. Так что, как видишь, Человек на Земле появился совсем недавно, поэтому ни один из вас не имеет права даже пытаться судить о том, что мы делаем.

Позднее ваши собственные ученые откроют, что их собственные законы математической вероятности ясно доказывают существование внеземных цивилизаций. Они также поймут, что существование внеземных цивилизаций заставляет их обратить внимание далеко за пределы своей крошечной вселенной и за пределы других вселенных, составляющих ваш мир.

Но сейчас не время и не место вести подобные дискуссии. Ты должен быть уверен, что ты сейчас делаешь доброе дело и что мы лучше разбираемся в этом. Ты не можешь понять, где ты находишься, поэтому я хочу объяснить тебе, что твой бесплотный дух, только временно отделенный от твоего тела, отправился недосягаемо далеко от твоей собственной вселенной и сейчас движется к центру другой вселенной, к центральному городу основной планеты этой вселенной.

Мы должны многое тебе показать, и твое путешествие, твои переживания еще только начинаются. Помни только, что все, что ты видишь, — это именно тот мир, каким он является в данный момент, потому что для духа не существует ни времени, ни расстояний.

А теперь смотри вокруг, ты должен ознакомиться с миром, в котором ты сейчас пребываешь, чтобы больше доверять своему восприятию, когда мы перейдем к значительно более важным вещам, потому что скоро мы с помощью Хроник Акаши пошлем тебя в прошлое, чтобы ты мог увидеть рождение твоей собственной планеты, Земли».

— Голос умолк, — сказал старый отшельник и замолчал.

Он сделал несколько глотков уже совсем остывшего чая, задумчиво поставил рядом с собой свою чашу и, поправив мантию, сложил руки на коленях. Молодой монах поднялся, подбросил веток в огонь и плотнее укутал плечи старого отшельника своим одеялом.

— Итак, — продолжал старый отшельник, — я уже говорил тебе, что находился в состоянии паники.

Я действительно был в состоянии паники, когда вдруг обнаружил, что, поболтавшись над всеми этими просторами, я падаю вниз, проходя различные уровни или мосты между огромными башнями.

Наконец я оказался среди прекрасного парка, стоящего на какой-то платформе. Трава в нем была красной, но потом, к своему удивлению, с другой стороны я обнаружил зеленую траву. Среди красной травы был пруд с голубой водой, а среди зеленой травы еще один пруд, вода в котором была цвета гелиотропа. Рядом с обоими толпились какие-то удивительные люди. Но теперь я начал различать тех, кто был уроженцами этого мира, и тех, кто прибыл из других миров. У местных жителей было что-то утонченное в осанке и манере держать себя. Казалось, они принадлежат к высшей породе и полностью это осознают.

Среди стоящих вокруг прудов были очень мужественные и, наоборот, крайне женственные представители. Люди третьей группы явно были обоеполыми. Я с удивлением обнаружил, что все они голые, за исключением того, что на головы женщин были одеты какие-то странные предметы. Я не мог различить, что это такое, но они напоминали нечто вроде орнамента, выполненного из металла.

Я приказал себе удалиться от этого места. Я с юных лет воспитывался в монастыре, полностью в мужском окружении, поэтому скопища этих обнаженных людей были мне неприятны. Смысл некоторых естов, которые женщины позволяли себе, я едва понимал. И я поспешил вверх и дальше от них.

Я быстро пронесся через остальную часть города и оказался на его окраине, где жители попадались редко, но все поля и плантации были изумительно обработаны и, как я понял, многие из них были основаны на гидропонике. Но это могло представлять интерес только для того, кто изучает ведение сельского хозяйства.

Я поднялся выше и стал обдумывать, куда бы направиться, и тут я увидел изумительное море, вода в котором была шафранного цвета. Береговую линию окаймляли огромные скалы, желтые, пурпурные, скалы всех цветов и оттенков, но само море было шафранным. Этого я не мог понять. Раньше казалось, что вода отливает всеми цветами радуги.

Посмотрев внимательно вверх, я понял, в чем причина: одно солнце садилось и вместо него поднималось новое — это было уже третье солнце! И по мере того, как третье солнце поднималось, а другое садилось, цвета менялись, даже воздух казался окрашенным в различные тона. Моему ошеломленному взору предстала трава, на глазах меняющая свою окраску: из красной она становилась пурпурной, из пурпурной превращалась в желтую, а потом и цвет самого моря постепенно начал изменяться.

Это было похоже на то, как в вечернюю пору, когда солнце прячется за высокую гряду Гималайских гор, все вокруг начинает менять свой цвет, и вместо яркого солнечного света долину заполняют пурпурные сумерки, и даже снег на вершинах из ослепительно белого становится голубым или бледно-малиновым. Теперь все, что я видел, мне уже не казалось таким необъяснимым. Я подозревал, что цвета на этой планете меняются постоянно.

Но у меня не было желания дальше лететь над водой, не осмотревшись сначала вокруг. У меня был инстинктивный страх перед нею, и я опасался, что произойдет какое-нибудь несчастье и я упаду в воду. Поэтому я направил свои мысли на сушу, на внутреннюю часть страны, и тут же мой освобожденный от телесной оболочки дух развернулся вокруг, и я быстро промчался над прибрежными скалами и мелкими фермерскими хозяйствами.

И тут, к своему неописуемому удовольствию, я обнаружил, что нахожусь над поверхностью, которая кажется мне знакомой — она напоминала мне местность, поросшую вереском. Я устремился вниз и увидел растения, уютно устроившиеся на поверхности этого мира. Теперь, в новом освещении, они выглядели бледно-фиолетовыми цветочками с коричневыми стебельками, очень похожими на вереск. Дальше шла полоса каких-то растений, которые при существовавшем освещении напоминали утесник, желтый утесник, только на этом растении не было колючек.

Я поднялся еще на несколько сот футов и медленно заскользил над этим самым приятным пейзажем, который мне довелось увидеть в этом странном мире. Что касается его жителей, то для них это, безусловно, была самая пустынная заброшенная местность. Здесь не было никаких признаков жилья или дорог.

В очаровательной лесистой долине я обнаружил маленькое озеро и впадающий в него ручеек, сбегающий с высокого утеса. Я задержался здесь на какое-то время, любуясь, как меняются тени и разноцветные пальцы проникающего сквозь ветви света сплетаются над моей головой. Но что-то настоятельно заставляло меня двигаться дальше. Я чувствовал, что нахожусь здесь не для собственного удовольствия, не для отдыха или развлечения: я был здесь для того, чтобы другие могли видеть с моей помощью.

Я опять поднялся в воздух и с невероятной скоростью помчался дальше. Под собой я смутно видел землю, широкую реку, длинную отмель, и наконец я увидел море. Против своей воли я пронесся над этим морем и оказался над сушей, которая, без сомнения, была другой землей, другой страной. Здесь города были меньше и просторнее. Теперь я могу судить, что, хотя они и были небольшими, их размеры превышали все, что можно увидеть на нашей Земле, которую я должен теперь покинуть.

Мое движение довольно резко прекратилось, и я начал круто спускаться, медленно вращаясь вокруг собственной оси. Я посмотрел вниз. Прямо подо мной находилось поместье удивительной красоты, оно было похоже на старинный замок, стоящий среди прекрасных деревьев. Замок был в безупречном состоянии, и я мог любоваться окружающими его башенками и зубчатыми стенами, которые, безусловно, не принадлежали к цивилизации этого мира.

Голос прервал мои размышления.

«Это дом Мастера. Это действительно очень древнее место, самая древняя постройка этого древнего мира. Это святыня, которой поклоняются все сторонники мира. Они приходят сюда, располагаются у стен этого замка и мысленно благодарят Мастера за мир и покой, который окружает каждого, чью жизнь освещают лучи, исходящие от этого замка. Свет здесь никогда не меркнет, потому что в этом мире пять солнц и здесь никогда не бывает темно. Наш метаболизм отличается от того, который существует в вашем мире. Мы не нуждаемся в темном времени суток, чтобы наслаждаться сном. Мы устроены иначе».

ГЛАВА ВОСЬМАЯ

Старый отшельник беспокойно зашевелился под тонким одеялом. Он весь дрожал.

— Я вернусь в пещеру, — сказал он. — Я не привык так долго находиться на открытом воздухе.

Молодой монах, который целиком был под впечатлением этого удивительного рассказа старого отшельника о том, что ему пришлось пережить, мгновенно насторожился.

— О! — воскликнул он. — Облака поднимаются. Скоро появится небо.

Он заботливо взял за руку старого человека и, обходя костер, повел его в пещеру, которая уже успела освободиться от густого тумана.

— Я должен сходить за свежей водой и дровами, — сказал молодой монах. — Когда я вернусь, мы будем пить чай, но мой поход может занять больше времени, чем обычно. В поисках дров мне придется отправиться куда-нибудь подальше — мы уже сожгли все, что можно было найти поблизости, — с сожалением добавил он.

Выйдя из пещеры, юноша подбросил в огонь оставшиеся ветки и, захватив жестянку для воды, отправился в путь.

Облака быстро поднимались вверх. Дул свежий ветер, и молодой человек с удовольствием провожал их глазами, пока они, уходя все выше и выше, постепенно открывали горный перевал. Правда, пока он еще не мог видеть маленьких черных точек, означавших застигнутых непогодой купцов. Да и дым костра был неотличим от медленно плывущих облаков.

Он подумал о том, что купцы, должно быть, еще отдыхают, стремясь использовать вынужденную остановку в пути для того, чтобы хорошо выспаться. Когда тучи спускаются вниз, человек не может ходить по горным дорогам — слишком велики подстерегающие его опасности. Одного неверного шага достаточно, чтобы сорваться вниз, где его ждут острые зубцы далеких скал.

Молодой человек вспомнил несчастный случай, свидетелем которого он был, когда ходил в небольшой монастырь у подножия утеса. Тучи лежали низко, закрывая даже крыши монастырских построек. Вдруг до его слуха донесся грохот камнепада и хриплый пронзительный крик. Что-то глухо, со всплеском стукнулось о землю — как будто сбросили мешок с мокрым ячменем. Молодой человек поднял голову и на высоте нескольких футов увидел человеческие кишки, зацепившиеся за нависающий утес и все еще связанные с умирающим человеком, который лежал под ним.

«Вот еще один купец или путник, не вовремя отправившийся в путь», — подумал он.

Озеро все еще было окутано туманом и, приблизившись к нему, молодой человек увидел только серебристые верхушки деревьев, которые призрачно вырисовывались на фоне светлеющего неба. О-о! Какая ценная находка! Во время бури от ствола отломилась огромная ветка.

Пристально вглядевшись сквозь редеющую мглу, он понял, что во время грозы в дерево ударила молния: ствол дерева был полностью расколот, а повсюду вокруг валялись ветки. Он с радостью схватил самую большую из них, с какой только мог справиться, и медленно поволок ее наверх. Он опять и опять возвращался за новыми порциями, пока совсем не обессилел. Тогда он устало наполнил жестянку водой и вернулся к пещере. Задержавшись только затем, чтобы поставить воду на костер, юноша вошел внутрь и обратился к отшельнику:

— Там целое дерево, Почтенный! — радостно сообщил он. — Я поставил воду на огонь, чтобы она закипела, а после того, как мы выпьем чаю с тсампой, я пойду и принесу еще дров, пока купцы не успели их сжечь.

— Не будет тсампы, — с грустью ответил старый отшельник. — Я хотел помочь, но ничего не видя, поскользнулся и рассыпал ячмень. Теперь он весь перемешался с песком на полу нашего жилища.

Молодой монах в ужасе вскочил на ноги и поспешил туда, где он поставил мешок с ячменем. В мешке ничего не осталось. Став на четвереньки, он стал ползать вокруг плоского камня. Земля, песок и ячмень — все безнадежно перемешалось. Ничего нельзя было спасти. Это была катастрофа. Он медленно поднялся на ноги и направился в сторону старого отшельника.

Внезапная мысль заставила его броситься назад: «Брикет чая — можно ли спасти его?» По земле у дальней стены были разбросаны комочки чая. Старый человек уронил брикет, а затем втоптал его в землю. Остались только эти несколько комочков.

Юноша уныло вернулся к отшельнику.

— Нам больше нечего есть, Почтенный, — сказал он, — а чая осталось только на этот раз. Будем надеяться, что сегодня придут купцы, иначе нам придется голодать.

— Голодать? — переспросил Старец. — Я часто бываю без еды неделю и больше. Мы еще можем пить горячую воду. Горячая вода — это роскошь для того, кто больше шестидесяти лет не пил ничего, кроме холодной воды. — Помолчав несколько минут, он добавил:

— Учись переносить голод сейчас. Воспитывай стойкость духа сейчас. Учись позитивному подходу СЕЙЧАС, потому что в своей жизни ты узнаешь и голод и страдание — они будут твоими постоянными спутниками. На своем пути ты встретишь многих, кто будет причинять тебе зло, многих, кто будет пытаться низвести тебя до своего уровня.

Только благодаря позитивному разуму — всегда позитивному — ты сможешь пережить и преодолеть все те страдания, с которыми неумолимо будет сталкивать тебя жизнь. СЕЙЧАС время для учения. ВСЕГДА будет время применить на практике все то, чему ты научишься сейчас. Пока ты сохраняешь веру, пока ты ПОЗИТИВЕН, ты сможешь вынести все и сможешь победно противостоять самым злостным нападкам своих врагов.

Молодой монах почувствовал, как от страха к горлу подступила тошнота: все эти ужасные намеки о надвигающемся бедствии! Эти предсказания его судьбы. Предостережения и наставления. НИЧТО счастливое и светлое не ждет его в жизни? Но потом он вспомнил то, чему его учили: этот мир — это Мир Иллюзий.

Вся жизнь в этом мире только иллюзия. Наша Великая Высшая Сущность посылает сюда своих марионеток для того, чтобы накапливать новые Знания, чтобы они учились преодолевать воображаемые трудности. Чем ценнее материал, тем строже испытания, через которые он должен пройти, и только несовершенный материал терпит при этом неудачу.

Это Мир Иллюзий, где человек — всего лишь тень, он существует лишь в мыслях Высшей Сущности, которая обитает где-то в другом месте. Тем не менее, подумал он мрачно, могло бы быть чуть побольше чего-то светлого. Правда, говорят, что Человеку не дается больше испытаний, чем он может выдержать, и Человек сам выбирает, какие задания он должен выполнить и какие испытания вынести.

«Должно быть, я сошел с ума, — сказал он сам себе, — если взвалил на себя ТАКОЕ бремя!»

— На ветках, которые ты принес, есть свежая кора? — спросил старый отшельник.

— Да, Почтенный. В дерево ударила молния. Еще вчера оно было совсем целым, — ответил юноша.

— Тогда обдери кору, отдели внутренний белый слой от темной внешней кожуры и погрузи белые волокна в кипящую воду. Блюдо получится очень питательным, хотя и не самым вкусным. У нас осталась соль, бура или сахар?

— Нет, сэр, у нас нет ничего, кроме чая, которого хватит на один раз.

— Тогда брось в жестянку и чай. Но не унывай, мы не умрем от голода. Три или четыре дня без еды только прибавят душевной чистоты. Если дела пойдут плохо, ты сходишь к ближайшей хижине отшельника, чтобы раздобыть еды.

Молодой монах уныло принялся за отдирание коры. Внешний темный слой, грубый и шероховатый, он отправлял в костер, а гладкий зеленовато-белый нижний слой, разделив на небольшие полоски, опускал в кипящую воду. С мрачным видом он бросил туда же комок чая и тут же высоко подпрыгнул, так как брызги кипящей воды обожгли его запястье.

Взяв в руку свежеободранную палку, он стал помешивать ею варево. Не предвкушая ничего хорошего, он попробовал то, что пристало к концу палки. Сбылись его наихудшие опасения: содержимое жестянки было горячим и безвкусным, чуть отдающим запахом чая!

— Я вполне могу это есть, — сказал старый отшельник, протягивая свою чашу. — Когда я здесь оказался, у меня не было ничего другого. В те дни у входа в пещеру росло много небольших деревьев, ими я и питался. В конце концов люди узнали о моем присутствии, и с тех пор у меня обычно была еда. Но я никогда не беспокоюсь, если на неделю или немного больше остаюсь без пищи. Здесь всегда есть вода. А что еще человеку нужно?

Молодой монах сидел у ног Почтенного во мраке пещеры, а снаружи все ярче разгорался день. Так пройдет целая вечность, подумал он. Учиться, всегда учиться. Он с нежностью вспомнил мерцающие масляные лампы Лхасы. Это было в прошлом. Можно только гадать, сколько времени ему еще придется здесь провести, — очевидно, пока старый человек не расскажет ему все, что должен рассказать.

Пока старый человек не умрет и ЕМУ придется расчленить тело. Эта мысль заставила юношу содрогнуться. Как это ужасно, подумал он, разговаривать с человеком, а потом, спустя час или чуть больше, распутывать его кишки, чтобы ими могли полакомиться грифы, или дробить его кости, чтобы ни одна частица его тела не осталась невозвращенной земле.

Но старый человек был готов продолжать свой рассказ. Он прочистил горло, сделал глоток воды и принял удобную позу.

— Будучи бесплотным духом, я, описав спираль, спустился к этому огромному замку, где жил Мастер этого Высшего Мира, — начал старый отшельник. — Я страстно желал увидеть человека, который может внушать любовь и уважение жителям наиболее могущественного из существующих миров. Я жаждал узнать, какого мужчину — и женщину — можно выносить в течение столетий. Мастер и его Жена. Но этому не суждено было сбыться. Меня отдернули, как мальчик отдергивает за веревку своего воздушного змея.

«Это священная земля, — произнес Голос очень сурово. — Она не для невежественных туземцев, ты увидишь другие вещи».

Против моей воли меня протянули на много миль от этого места, потом развернули и направили по другому пути.

Очертания этого мира, оставшегося далеко внизу, становились все меньше, и даже города постепенно превратились в песчинки на речном берегу. Я поднялся в воздух и вышел за его пределы. Я путешествовал там, где не было воздуха.

Наконец в поле моего зрения попало необычное сооружение, подобного которому я никогда прежде не видел. Его назначения я не мог понять. Здесь, в безвоздушном пространстве, где я не смог бы существовать иначе как бесплотный дух, плыл город, весь из металла, каким-то чудом удерживаясь на весу. По мере того как я приближался, детали вырисовывались яснее, и я наконец понял, что город стоит на металлическом грунте, а сверху покрыт материалом прозрачнее стекла. Под этим прозрачным куполом я увидел людей. Они ходили по улицам города, который был больше города Лхасы.

На некоторых зданиях были видны странные выступающие части, и вдруг я обнаружил, что направляюсь к одному из самых больших из них.

«Это большая обсерватория, — услышал я Голос в своем мозгу. — Отсюда было обнаружено рождение вашего мира. Не с помощью оптических приспособлений, а с помощью специальных лучей, но это выходит за пределы твоего понимания. Через несколько лет люди твоего мира откроют радио. Это даст такие возможности, какие дает мозг самого высокоразвитого человека по сравнению с мозгом дождевого червя.

То, что используем мы, стоит значительно выше радио. Здесь открываются секреты вселенных, отсюда можно наблюдать поверхность самых отдаленных миров точно так же, как ты наблюдаешь поверхность этого Спутника. Для этих лучей препятствием не являются ни расстояния, ни размеры предметов, за которыми мы ведем наблюдение. Мы можем заглядывать в храмы, в места развлечений, в дома».

Я приблизился еще больше и, когда прямо передо мной стало ясно вырисовываться прозрачное ограждение, не на шутку испугался за свою безопасность. Я боялся, что врежусь прямо в него и разобьюсь вдребезги, но потом, еще раньше, чем улеглась паника, я вспомнил, что теперь я один из духов, для которого даже самые толстые стены не могут служить препятствием.

Я медленно прошел через это стеклоподобное вещество и оказался на поверхности мира, который Голос назвал «Спутником». Какое-то время я слонялся туда-сюда, стараясь справиться со своими взбудораженными мыслями. Это было слишком поразительным переживанием для «невежественного туземца недоразвитой страны отсталого мира», чтобы вынести его и сохранить ясный разум.

Мягко, подобно облаку, скользящему по горной гряде, или лучу лунного света, бесшумно порхающему по поверхности озера, я начал перемещаться в сторону, подальше от бессмысленного движения, в которое я был вначале вовлечен. Я перемещался в сторону и просачивался через странные стены из совершенно неизвестного мне материала.

Даже несмотря на то, что я был духом, я чувствовал слабое сопротивление своему движению, так как испытывал покалывание во всем своем существе, и временами у меня возникало ощущение, что я окунаюсь в плотную трясину. Я ввинчивался в эти стены, которые вставали на моем пути, и мне казалось, что меня разрывают на части. При этом у меня возникло четкое ощущение Голоса, который говорил: «Он пройдет через них. Я думаю, со временем он не будет этого замечать».

Тем временем я прошел через стену и оказался в огромном закрытом пространстве, слишком большом, чтобы называть его «комнатой». Вокруг стояли совершенно фантастические машины и устройства. Все они были выше моего понимания. Еще более странными были обитатели этого помещения. Очень-очень маленькие гуманоиды работали с помощью предметов, в которых я с трудом мог признать какие-то инструменты, в то время как гиганты перемещали с места на место тяжелые тюки и выполняли тяжелые работы за тех, кто был слишком слабым для них.

«Здесь, — раздался Голос в моем мозгу, — работает хорошо налаженная система. Маленькие люди выполняют тонкую настройку и изготовляют мелкие детали. Крупные люди делают вещи, больше подходящие для их размеров. А теперь иди дальше».

Опять эта неуловимая сила заставила меня двинуться вперед и преодолеть на своем пути еще одну стену. Пройти через нее оказалось еще труднее.

«Эта стена, — прошептал Голос, — Стена Смерти. Никто не может проникнуть сюда или выйти отсюда, пока он находится в физическом теле. Это самое засекреченное место. Отсюда мы наблюдаем за всеми мирами и немедленно замечаем любые приготовления к войне. Смотри!»

Я огляделся вокруг. То, что я увидел, сначала показалось мне лишенным смысла. Усилием воли я остановил вихрь своих чувств и заставил себя сосредоточиться. Окружающие меня стены были разделены на прямоугольники, примерно шести футов длиной и пяти футов высотой. В каждом из них я увидел живую картину, под картиной находились странные символы, которые я принял за подписи.

Картины были поразительными. На одной из них был изображен мир таким, каким он виден из космоса. Он был весь голубовато-зеленым, со странными белыми заплатами. Потрясенный, я осознал, что это мой собственный мир, мир, где я родился. Но тут мое внимание привлекли изменения, которые происходили в соседней картине. Пока я рассматривал ее, у меня появилось неприятное ощущение падения и я понял, что наблюдаю картину СВОЕГО мира как бы во время падения в него.

Облака стали более прозрачными и я полностью увидел очертания Индии и Тибета. Никто не объяснял мне, что это такое, но об этом мне говорил мой инстинкт. Размеры картины все увеличивались. Я увидел Лхасу. Я увидел плоскогорье, а потом кратер вулкана.

«Но ты здесь не для того, чтобы рассматривать это! — воскликнул Голос. — Смотри на все остальное!»

Я посмотрел вокруг, и то, что я увидел, опять привело меня в восторг. Одна из картин изображала зал заседаний. Господа очень важного вида вели оживленную дискуссию. Голоса поднимались, и руки тоже. Вокруг были разбросаны бумаги, с удивительным пренебрежением к правилам приличия. Стоящий на возвышении человек с лицом пурпурного цвета что-то неистово доказывал. Его замечания в равной мере вызывали как аплодисменты, так и осуждение. Все это напомнило мне собрание Господ Настоятелей!

Я стал смотреть вокруг. Всюду были эти живые картины. Всюду я мог видеть эти странные сцены, часто окрашенные в самые невероятные тона. Мое тело опять пришло в движение, и я переместился в следующую комнату. Здесь я увидел изображения странных металлических предметов, пересекающих черноту космического пространства. «Чернота» — это не совсем то слово, потому что пространство было испещрено точками света самых различных оттенков, многих из которых мне никогда не приходилось раньше видеть.

«Космические корабли в пути, — объяснил Голос. — Мы очень тщательно соблюдаем пути их следования».

В одном из квадратов на стене вдруг ожило на удивленье человечье лицо. Человек что-то говорил, но я не понимал его слов. Он кивал головой и жестикулировал, как будто разговаривал с невидимым собеседником. Потом улыбнулся, сделал прощальный жест, и лицо исчезло, стена опять приобрела свой ровный серый цвет.

И сразу же после этого моему взору предстал мир с высоты птичьего полета. Это был Мир, который я только что покинул, Мир, который являлся центром этой огромной империи. Я смотрел сверху вниз на великолепный город, ощущая всю его реальность, любуясь всем его великолепием.

Картина менялась очень быстро, и я опять оказался над районом, где находилась резиденция Мастера этой великой цивилизации. Я увидел прекрасные стены и странные, экзотические сады, окружавшие это строение. Увидел прекрасное озеро, в центре которого находился остров. Но картина двигалась, ее швыряло туда-сюда, смазывая ландшафт, казалось, птица выискивает свою жертву. Картина заколебалась. Потом она увеличилась и сфокусировалась, представив моему зрению металлический объект, который лениво описывал круги над поверхностью, постепенно к ней приближаясь. Металлический предмет увеличивался и скоро занял все поле зрения. Появилось лицо человека, и я услышал вопросы на незнакомом языке. Волна приветствий — и картина исчезла.

Я двигался не по своей воле. Мое направляемое кем-то сознание покинуло эту комнату и вошло в следующую. Она была еще более странной! Здесь, на девяти экранах, я увидел девять сидящих пожилых людей. На какое-то мгновение я почувствовал себя полным идиотом, потом начал истерически смеяться. Здесь находились девять пожилых людей, все были с бородами, все были удивительно похожи, у всех было невероятно серьезное выражение лица.

В моем бедном мозгу загремел очень рассерженный Голос:

«ТИШЕ, это кощунство! Это Мудрецы, которые управляют ТВОЕЙ судьбой. Тише, я приказываю, и изволь выразить свое уважение».

Но мудрые старцы не сделали никакого замечания, хотя и знали о моем присутствии, так как на одном из экранов был изображен я на моей Земле, и мое изображение было окружено проводами и трубками. Другой экран показывал меня ЗДЕСЬ. Поистине ужасающее зрелище!

«Здесь, — продолжал Голос самым спокойным тоном, — находятся мудрецы, которые вызвали тебя сюда. Это самые мудрые люди, посвятившие столетия своей жизни работе на благо других. Они работают под руководством самого Мастера, который живет еще дольше. Наша цель — спасти ваш мир. Спасти его от самоубийства. Спасти от невероятного загрязнения, которое приведет к ядер... — впрочем, этот термин все равно для тебя ничего не значит, он еще не введен в употребление в вашем мире. Ваш мир стоит перед очень серьезными изменениями. Будут открыты новые понятия, будет изобретено новое оружие. В течение следующего столетия человек выйдет в космос. Вот что нас интересует».

Один из Мудрецов сделал какое-то движение рукой — и картины стали меняться: на экранах бесшумно сменялись миры за мирами. Появлялись люди и быстро исчезали, чтобы смениться следующими. Засветились странные стеклянные бутылки, странные извилистые линии зазмеились у их дна. Застучали машины и из них полезли длинные бумажные ленты, которые, скручиваясь, опускались в стоящие рядом корзины. Эти ленты были покрыты удивительными символами.

Все это было настолько мне непонятно, что даже сейчас, после долгих лет размышлений, я все равно не могу понять, в чем был смысл всего происходящего. И даже Мудрецы делали какие-то заметки на бумаге или что-то говорили, держа диски прямо у рта. А в ответ слышался голос, который доносился неизвестно откуда, и звучал, как человеческий, но источник этого голоса я так и не смог обнаружить.

Наконец, когда мои чувства были уже напряжены до предела от всего, что я увидел, Голос в моем мозгу сказал:

«Этого с тебя довольно. Теперь мы должны показать тебе прошлое. Чтобы тебя подготовить, я сначала расскажу тебе, что тебе придется пережить, чтобы ты не пугался».

НЕ ПУГАЛСЯ? — подумал я, — если бы он знал, что я испытываю НАСТОЯЩИЙ УЖАС!

«Сначала, — продолжал Голос, — ты попадешь в полную темноту и почувствуешь какое-то кружение. Потом ты увидишь то, что тебе покажется этой комнатой. Это действительно будет эта комната, но такая, как она была миллионы лет назад по ВАШЕМУ времени, но по нашему это не так много. Потом ты увидишь, как создавалась ваша вселенная, а затем, позже, как рождался ваш мир, как он заселялся живыми созданиями, среди которых и то, которое мы называем Человеком».

Голос пропал — и мое сознание вместе с ним.

Это довольно беспокойное ощущение, когда тебя так бесцеремонно лишают сознания — отнимают у тебя кусок твоей жизни, и ты даже не знаешь, как долго ты находился без сознания. Я начал приходить в себя, чувствуя серый клубящийся туман, который проникал прямо мне в мозг. Перемежающиеся вспышки ЧЕГО-ТО вызывали у меня невероятные муки, еще больше усиливая весь ужас происходящего.

Постепенно, подобно тому как утренний туман рассеивается в лучах восходящего солнца, ко мне вернулось сознание, ясность моего восприятия. Мир на моих глазах светлел, нет, не мир, а комната, в которой я плавал между потолком и полом, лениво поднимаясь и опускаясь в спокойном воздухе. Подобно клубам ладана, вздымающимся в храме, я поднялся вверх, откуда смог наблюдать, что происходит перед моими глазами.

Девять старцев. Бородатых. Важных. Поглощенные своей задачей, ГДЕ находились они сами? Нет, это были не они, комната была другой. Экраны и инструменты были другими. Все изображения были другими. В течение какого-то времени не было произнесено ни одного слова, не поступало никаких объяснений, что все это должно было предвещать.

Наконец один из пожилых людей протянул руку и повернул какую-то ручку. Экран осветился, и на нем появились звезды — они были расположены совершенно незнакомым мне образом. Экран расширялся, пока не заполнил все поле моего зрения, пока мне не стало казаться, что это просто окно в космос. Иллюзия была настолько сильной, что в конце концов я стал чувствовать, что я САМ нахожусь в космосе, а не смотрю на него через окно. Я изумленно уставился на холодные неподвижные звезды, свет которых был таким ярким и неприветливым.

«Мы должны увеличить скорость в миллион раз, — услышал я Голос, — иначе ты ничего не сможешь узнать за все время, отпущенное тебе для жизни».

И тут же звезды начали вертеться вокруг невидимой оси, перемещаясь друг относительно друга. Я увидел, как с наружного края картины быстро приближается большая комета, ее пылающий хвост был направлен к темному невидимому центру. Комета пролетела через экран, другие миры сомкнулись за ней. Потом она столкнулась с холодным мертвым миром, который был центром этой галактики.

Другие миры, вытолкнутые со своих орбит возросшей силой притяжения, помчались навстречу друг другу, грозя столкновением. В то мгновение, когда комета столкнулась с мертвым миром, казалось, вся вселенная была охвачена пламенем. Космическое пространство прорезали крутящиеся вихри раскаленной материи. Пылающие газы заволокли все ближайшие миры. Казалось, вся вселенная превратилась в массу сверкающих горячих газов.

Постепенно слепящая яркость заполнивших пространство газов стала ослабевать. Наконец, в центре появилась пылающая масса, окруженная пылающими массами поменьше. От большой центральной массы отрывались комки раскаленной материи и, вибрируя и содрогаясь, сгорали дотла.

Мои хаотические мысли опять были прерваны Голосом:

«Ты за несколько минут увидел то, что заняло миллионы лет. Сейчас мы поменяем изображение».

Мое поле зрения было ограничено размерами экрана, и то, что я увидел теперь, была, по-видимому, звездная система, очень удаленная от меня. Яркость центрального солнца поблекла, хотя еще и превосходила яркость всех остальных. Ближайшие миры, отсвечивая красным светом, крутясь, неслись по своим новым орбитам.

При той скорости, с которой мне все это показывали, казалось, что вся вселенная крутится в сумасшедшем вихре, так что все мои чувства смешались.

Теперь картина изменилась. Передо мной лежала необъятная равнина, усеянная огромными зданиями, от верхних частей некоторых из них отходили странные выступы. Выступы, которые, как мне показалось, были сделаны из гнутых металлических полосок, образующих самые причудливые формы, назначения которых понять я не мог.

Толпы людей самых различных форм и размеров, собрались вокруг поистине замечательного объекта, расположенного в центре равнины. Он был похож на металлическую трубу невообразимых размеров. Концы трубы были меньше основной части, один конец сходился почти в точку, а другой образовывал что-то вроде капли.

Когда я приблизился к выступам на странном сооружении, то увидел, что они были прозрачными. Внутри находились движущиеся точки. Присмотревшись внимательнее, я понял, что это люди. Все сооружение, я думаю, было высотой в добрую милю, если не больше. Его назначение было мне совершенно неизвестно. Я не мог понять, зачем зданию такая причудливая форма.

Пока я наблюдал, стараясь ничего не пропустить, показалось какое-то удивительное средство передвижения, за которым следовало несколько платформ, груженных ящиками и тюками.

«Этого, — мелькнула у меня праздная мысль, — хватило бы, чтобы заполнить все рыночные площади Индии».

И при этом — как это могло быть? — все они плавали в воздухе, подобно тому как рыба плавает в воде. Рядом с большой трубой, образующей это странное здание, находилось неведомое мне устройство, в которое один за другим втягивались все эти тюки и ящики, так что подлетающие к нему машины возвращались с пустыми платформами. Поток входящих в трубу людей уменьшился до тоненькой струйки и вскоре исчез. Заскользили скользящие двери, и труба закрылась. Ох! Я решил, что это был храм, мне, очевидно, хотели показать, что у них есть религия и храмы. Удовлетворившись собственным объяснением, я ослабил свое внимание.

Нет слов, чтобы описать мои чувства, когда я вдруг опять перевел взгляд на изображение. Это огромное трубчатое сооружение, около мили длиной и около шестой части мили в диаметре, вдруг ПОДНЯ-

ЛОСЬ В ВОЗДУХ! Оно поднялось на высоту нашей самой высокой горы, задержалось там на несколько секунд, а потом — его не стало! Еще мгновение оно было здесь, серебряная прядь повисла в небе, освещенная светом двух или трех солнц, отражающихся в ней. И, не издав даже всплеска, исчезла.

Я посмотрел вокруг, перевел взгляд на соседние экраны, и тут я увидел его опять. Здесь, на очень длинном экране, длиной, может быть, футов двадцать пять, звезды кружились с такой скоростью, что казались просто разноцветными полосками света. В центре экрана находилось сооружение, которое только что покинуло этот странный мир. Оно казалось неподвижным. Скорость проходящих мимо звезд все возрастала, пока они не превратились в гипнотизирующие расплывчатые пятна. Я отвернулся.

Ослепительная вспышка света привлекла мое внимание, и я опять посмотрел на длинный экран. На дальнем конце появился свет, предвещающий появление более яркого света, подобно тому как солнце посылает свои лучи из-за горной гряды, чтобы сообщить о своем приближении. Свет быстро разгорался, пока не стал невыносимо ярким.

Откуда-то появилась рука, которая повернула ручку управления. Яркость уменьшилась, контуры изображения прояснились. Огромная труба, ничтожное пятнышко в безграничном пространстве, плыла рядом с небесным светилом. Она сделала полный оборот, потом я перевел взгляд на другой экран.

На мгновение я потерял ориентацию. Я беспомощно уставился на представшую мне картину. Я увидел большую комнату, в которой мужчины и женщины, одетые в то, что, как я знаю теперь, было для них униформой, занимались своими делами. Некоторые сидели, держа руки на рычагах и кнопках, другие, как и я, следили за экранами.

Некто в более пышном наряде, чем у остальных, ходил между ними, сложив руки за спиной. Он часто останавливался и заглядывал через плечо какого-нибудь человека, когда тот рассматривал какие-то записи или изучал извилистые линии, которые появлялись за стеклянными кружочками. Потом, кивнув головой, он продолжал свой обход.

Я рискнул сделать то же самое. Я посмотрел на экран, как это делал Великолепный. Я увидел пылающие мир. Сколько их было, я не знаю, потому что свет ослепил меня, а их непривычное движение поставило в тупик. Насколько я мог предположить, и только предположить, здесь было около пятнадцати пылающих комочков, которые окружали большой центральный ком, дающий им жизнь.

Трубчатое сооружение, которое, как я теперь знаю, было космическим кораблем, остановилось, и все вокруг оживилось. Из нижней его части стали появляться многочисленные мелкие корабли круглой формы. Они рассыпались в разные стороны, и с их отбытием на борту большого корабля возобновилась хорошо налаженная жизнь. Проходило время, все маленькие диски в конце концов вернулись на материнский корабль и были приняты на борт. Массивная труба медленно развернулась и, подобно испуганному животному, устремилась в кружащиеся небеса.

В положенное время (сколько прошло времени на самом деле, я не знаю, потому что я видел все путешествие очень ускоренным) металлическая труба вернулась на свою базу. Из нее вышли мужчины и женщины и разошлись по домам, которые стояли вокруг. Передо мной остался серый экран.

Затемненная комната с движущимися экранами на всех ее стенах меня просто очаровала. До сих пор я был слишком захвачен каким-нибудь из экранов, теперь же, когда они висели передо мной мертвые и неподвижные, у меня появилось время, чтобы осмотреться вокруг. Здесь были люди примерно моих размеров, размеров, которые я подразумеваю, когда произношу слово «человеческие». Кожа их была самого разного цвета: белого, черного, зеленого, красного, желтого, коричневого.

Человек сто сидело на странных сиденьях, которые качались и наклонялись при каждом их движении. Все они сидели в ряд перед приборами, установленными у дальней стены. За специальным столом в центре комнаты сидели девять Мудрецов.

Я с любопытством осматривался вокруг, но все приборы и разные другие приспособления были настолько не похожи на все, что мне приходилось видеть до сих пор, что я не сумею их описать. Мерцающие трубки, заполненные призрачным зеленым светом, трубки с пульсирующим янтарным светом, стены, которые БЫЛИ стенами, хотя они излучали тот же свет, который выходил из отверстия. Стеклянные кружочки, за которым в безумной пляске носились точки или вдруг замирали неподвижно на месте — говорит ли тебе ЭТО о чем-нибудь?

Часть одной стены вдруг отодвинулась в сторону, и обнаружилось невероятное количество проводов и труб. По этим проводам вверх и вниз сновали люди, ростом не более восемнадцати дюймов, крошечные люди, обвешанные ремнями со сверкающими устройствами, которые, по-видимому, были какими-то инструментами. Появился гигант, неся огромный тяжелый ящик. Он подождал, пока маленькие люди прикрепляли ящик за стеной. Потом стена, скользя, закрылась, и маленькие люди вместе с гигантом ушли. Наступила тишина. Тишина, нарушаемая лишь привычным щелканьем и шуршанием, издаваемым бесконечной лентой, которая выходила из отверстия в машине и сматывалась в какую-то коробку.

Здесь, на этом экране, была изображена очень странная вещь. Сначала, посмотрев на нее, я подумал, что это фигура человека, высеченная из камня. Потом, к своему ужасу, я обнаружил, что эта Вещь движется. Грубые подобия рук поднялись, и я увидел, что он держит больший лист незнакомого мне материала, на котором было вырезано что-то, что напоминало слова.

Я не могу сказать «было написано». Оно было настолько непохожим на обычное письмо, что для его описания потребовались бы специальные термины. Мой взгляд заскользил дальше — это было настолько выше моего понимания, что не могло представлять для меня интереса и не вызвало у меня никакого отклика. Глядя на эту пародию на человека, я испытывал ужас и больше ничего.

Но тут мой ищущий взгляд внезапно остановился. Здесь были Духи, крылатые Духи! Я был настолько очарован, что чуть не разбил экран, когда кинулся к нему в надежде получше их рассмотреть. Там был изображен удивительный сад, в котором резвились крылатые создания. Похожие на обычных мужчин и женщин, они покачивались в замысловатом неземном танце на фоне золотого неба над их садом.

Голос прервал мои мысли:

«А! Ты очарован, верно? Это — (тут последовало непроизносимое название), и они могут летать только потому, что живут в мире, где сила притяжения очень мала. Они не могут жить на твоей собственной планете, потому что они очень слабые. Кроме того, они обладают мощным непревзойденным разумом. Но посмотри на другие экраны. Скоро ты увидишь многое из истории твоего собственного мира».

Тут картина изменилась. Я подозреваю, ее изменили намеренно, чтобы я видел то, что хотели они. Сначала моему взору предстал глубокий пурпур космического пространства, потом по нему начал перемещаться полностью голубой мир, пока не остановился в центре экрана. Изображение все увеличивалось, заполняя все поле зрения. Но оно продолжало расти, и у меня появилось ужасное ощущение, как будто я лечу очертя голову из этого пространства. Самое мучительное переживание.

Подо мной вздымались и перекатывались синие волны. Мир перевернулся. Вода, вода, всюду только вода. Но среди сплошных волн появилось одно пятнышко. На всей планете был один остров примерно такого размера, как Долина Лхасы. На берегу неясно вырисовывались странные строения. Человеческие фигуры пытались вскарабкаться на берег, их ноги были в воде. Другие сидели на прибрежных камнях. Все это было непостижимо и не имело для меня никакого смысла.

«Наша теплица, — услышал я Голос, — в которой мы выращиваем семена новой расы».

ГЛАВА ДЕВЯТАЯ

День тянулся медленно, один скучный час сменялся следующим. Молодой монах старательно всматривался — этому он посвящал большую часть своего времени — в едва заметное понижение в неприступной горной гряде, за которым прятался путь, связывающий Индию с Тибетом. Вдруг, громко вскрикнув от радости, он бросился к пещере.

— Почтенный! — закричал он. — Они начали спускаться вниз с перевала. Скоро у нас будет еда.

Не дожидаясь ответа, он повернулся и стремительно выбежал наружу. В холодном прозрачном воздухе Тибета мельчайшие предметы видны на большом расстоянии. Здесь воздух чист, и ничто не мешает зрению. На скалистом гребне показались движущиеся черные точки. Молодой человек удовлетворенно улыбнулся. Пища! Скоро у них будет ячмень, будет чай.

Он быстро спустился на берег озера и наполнил жестянку водой, так что она переливалась через край. Медленно и осторожно он отнес ее в пещеру, чтобы вода была готова к тому времени, когда появится пища. Он опять поспешил вниз, где нужно было собрать остатки веток от разбитого грозой дерева. Рядом с раскаленными углями костра теперь выросла большая куча дров.

От нетерпения молодой человек вскарабкался на скалу, нависающую над входом в пещеру. Прикрыв рукой глаза от солнца, он стал внимательно смотреть вверх. Длинная шеренга животных двигалась прочь от озера. Это были лошади, не яки. Значит, это индусы, а не тибетцы. Молодой монах оцепенело смотрел им вслед, не в силах справиться с охватившим его чувством ужаса. Медленно, тяжелым шагом, он спустился со скалы и опять вернулся в пещеру.

— Почтенный, — сказал он печально, — это индусы, они не пройдут нашим путем, и мы не получим пищи.

— Не беспокойся, — ответил старый отшельник, успокаивая юношу, — на пустой желудок лучше работает мозг. Все уладится, имей терпение.

Внезапно одна мысль пришла в голову молодого человека. Захватив жестянку с водой, он направился к камню, где был рассыпан ячмень. Он осторожно опустился на колени и собрал песчаный грунт. Здесь был ячмень — и песок. В воде песок опустится на дно, тогда как ячмень всплывет. Горсть за горстью он опускал собранный грунт в жестянку и слегка постукивал по ней. Песок оседал на дно, ячмень всплывал. Всплыли также маленькие комочки чая.

Время от времени он собирал ячмень и комочки чая с поверхности воды и переносил их в свою чашу. Вскоре ему понадобилась и чаша старого отшельника, и, когда уже по долине поползли вечерние тени, обе чаши были наконец заполнены. Молодой монах устало поднялся на ноги, с трудом поднял жестянку, полную песка, и вышел из пещеры. Снаружи он немедленно высыпал ее бесполезное содержимое и мрачно зашагал к озеру.

Когда он вычистил жестянку и наполнил ее водой, уже проснулись ночные птицы и полная луна выглядывала из-за края гор. Прежде чем отправиться назад в пещеру, он тщательно отмыл свои колени от налипшего на них песка и ячменных зерен. Со вздохом облегчения он опустил жестянку на костер и сел у огня, с нетерпением дожидаясь, когда вода закипит. Наконец начали подниматься первые пузырьки пара, смешиваясь с дымом костра. Молодой монах тоже поднялся и пошел за двумя чашами, в которых была смесь ячменя с чаем — и совсем немножко земли! Все это он осторожно перевернул в воду.

Прошло немного времени, и пар стал подниматься опять. Вскоре вода энергично закипела, взбалтывая коричневую смесь. С помощью плоского куска коры юноша собрал самые крупные кусочки всплывших обломков веточек. Не в силах больше ждать, он продел палку через крючок, на котором висела жестянка, и вытащил ее из костра.

Сначала он опустил в жестянку чашу старого отшельника и зачерпнул изрядную порцию ее кашеобразного содержимого. Вытерев пальцы о свою уже довольно грязную мантию, он поспешил к старому отшельнику со своим неожиданным и довольно невкусным ужином. Потом он вернулся за своей порцией. Еда оказалась съедобной — в самый раз!

Испытывая муки голода, хотя и смягченные съеденным ячменем, он лег на жесткий неприветливый песчаный грунт, чтобы провести на нем еще одну ночь. Луна поднялась высоко, и ее свет скользил по дальним склонам гор, окутывая их манящей тайной. Ночные животные вышли из своих укрытий в поисках законной добычи, и ночной ветерок мягко шелестел листвой низкорослых деревьев.

В далеких монастырях ночные прокторы несли свою непрерывную службу, в то время как на задних улочках города все те, кто пользовался плохой репутацией, строили планы, как воспользоваться богатством своих сограждан, ведущих праведный образ жизни.

Наступило унылое утро. Остатки сваренного ячменя и чайных листьев трудно было назвать хорошим завтраком, но пришлось заставить себя доесть их, так как это было единственное средство для поддержания сил. Когда окончательно рассвело и от костра, в который молодой монах подбросил свежих дров, полетели искры, старый отшельник сказал:

— Давай продолжим передачу знаний. Это поможет нам забыть о голоде.

Старец и юноша вошли в пещеру и приняли привычные позы.

— Некоторое время я лениво двигался по комнате, — начал отшельник, — подобно мыслям праздного человека, без цели и направления. Я болтался между экранами, перелетая от одного к другому, куда меня влекло любопытство.

Но вскоре опять вмешался Голос.

«Мы должны еще многое тебе рассказать», — произнес он.

Как только он заговорил, я обнаружил, что разворачиваюсь и направляюсь к тем экранам, которые я рассматривал с самого начала. Теперь на них опять появилось изображение. На одном экране была изображена вселенная, в которой находилось то, что теперь нам известно под названием Солнечной Системы.

«В течение столетий особенно тщательно следили за тем, — продолжал Голос, — чтобы при образовании новой Системы не возникало никакого опасного излучения. Прошли миллионы лет, но для Вселенной миллион лет — все равно, что минута человеческой жизни. Наконец, отсюда, из сердца нашей империи, была предпринята следующая экспедиция. Она была оснащена новейшей аппаратурой, чтобы составить план нового мира, который мы собирались засеять».

Голос умолк, и я опять посмотрел на экран.

В безграничных просторах космического пространства мерцали звезды, холодные и далекие. Прочные и хрупкие, они были окрашены во все цвета радуги. Их размеры увеличивались, пока не показалось что-то напоминающее сгусток облаков. Сквозь них прорывался совершенно удивительный свет.

«Не существует возможности, — произнес Голос, — сделать ИСТИННЫЙ анализ удаленного мира с помощью дистанционных датчиков. Однажды мы решили провести его иначе, но то, что за этим последовало, послужило нам хорошим уроком. Теперь, миллионы лет спустя, мы вынуждены посылать экспедиции. Смотри!»

Вселенная была сметена, как будто ее закрыла занавеска. Я опять увидел равнину, простирающуюся в бесконечность. На ней стояли совсем другие постройки. Теперь они были низкими и длинными.

Стоявший рядом с ними огромный корабль тоже был совсем другим. Он чем-то напоминал две тарелки, нижняя стояла так, как и должна стоять тарелка, а верхняя лежала на ней в перевернутом виде. Они светились, как полная луна. Всю окружность опоясывали сотни круглых отверстий, закрытых стеклами. На самом верху странного корабля находилось прозрачное помещение, основание которого достигало, наверное, пятидесяти футов. Из-за гигантских размеров этого корабля все остальные машины, которые усиленно трудились у его основания, казались совсем маленькими.

Вокруг него толпились группы мужчин и женщин, все в очень странных одинаковых одеждах, у ног каждого из них стояло множество ящиков. Они вели оживленный разговор и, казалось, пребывали в хорошем настроении.

Отдельные богато разодетые личности важно расхаживали в стороне, не присоединяясь к оживленным группам, как будто обдумывали судьбы мира — что, может быть, так и было. Неожиданный сигнал заставил их всех поспешно нагнуться за своими вещами и быстро направиться к поджидающему кораблю. Металлические двери плотно закрылись за ними, как глаза закрываются веками.

Огромное металлическое создание медленно поднялось на несколько сот футов над поверхностью. На какое-то мгновение оно зависло — и исчезло, не оставив никакого следа, никакого свидетельства о том, что оно здесь было. Голос объяснил:

«Его скорость несоизмеримо выше скорости света. Он представляет собой автономный мир, и когда кто-то находится внутри этого мира, на него не оказывают влияния НИКАКИЕ внешние воздействия. Они не ощущают скорости, не чувствуют ни падения, ни самых резких поворотов. Космическое пространство, — продолжал Голос, — это не пустое пространство, как считают в вашем мире. Это пространство заполнено атмосферой пониженной плотности, состоящей из молекул водорода.

Отдельные молекулы могут находиться на расстоянии сотен миль друг от друга, но при скорости, развиваемой нашими космическими кораблями, эта атмосфера кажется почти такой же плотной, как вода в море. Можно слышать, как молекулы стремительно проносятся за бортом корабля, но мы предпринимаем специальные меры, чтобы не было слышно этого молекулярного трения. Но смотри!»

По одному из соседних экранов стремительно промчался дископодобный космический корабль, оставив за собой почти неуловимы светящийся след бледно-голубого цвета. Скорость была настолько велика, что, когда изображение стало сдвигаться, чтобы корабль оказался в центре, звезды показались сплошными светящимися линиями.

Голос прошептал:

«Мы опускаем ненужные подробности путешествия. Посмотри на этот экран».

Я послушно перевел глаза и увидел корабль, который двигался значительно медленнее, совершая круги вокруг солнца, НАШЕГО солнца. Но это солнце очень сильно отличалось от того, которое мы знаем теперь. Оно было больше, ярче, во все стороны оно выбрасывало столбы пламени. Корабль вращался вокруг него, переходя с орбиты на орбиту.

Наконец он приблизился к планете, в которой я с трудом узнал Землю. Закутанная в облака, она вращалась перед кораблем. Пройдя еще несколько орбит, корабль еще больше снизил свою скорость.

Картина сменилась, и я смог увидеть, что происходит внутри. По длинному коридору спускались маленькие группы мужчин и женщин. Пройдя коридор, они подходили к небольшим устройствам, в которых я узнал точную копию большого корабля. Мужчины и женщины поднимались вверх и входили в эти маленькие корабли. Большой корабль опустел.

Я увидел человека, который наблюдал из-за прозрачной стенки, его руки лежали на странных разноцветных кнопках, а перед ним вспыхивали огоньки. Появился зеленый огонек, и человек нажал несколько кнопок одновременно.

Часть пола отодвинулась, и открылось отверстие, точно по размеру маленького корабля. Кораблик вышел через него в пространство. Он скользил все ниже и ниже, пока не исчез в облаках, окутавших Землю.

Картина передо мной опять изменилась, и моему взору предстало зрелище, которое можно было увидеть изнутри маленького корабля. Я увидел кружащиеся вздымающиеся облака, которые сначала казались непроницаемым препятствием, но таяли при соприкосновении с космическим кораблем.

Мы спускались все ниже, проходя через мили облаков, пока наконец не погрузились в пасмурный мрачный день. Под нами катились, вздымаясь, серые волны, и с высоты казалось, что они сливаются с серыми тучами, тучами, на которых вспыхивал красноватый отблеск от неведомого источника света.

Корабль выровнялся и поплыл между морем и тучами. Многие мили мы летели над бесконечным волнующимся морем. На горизонте показалась темная масса, испещренная пульсирующими пятнами света. Корабль продолжал двигаться вперед. Вскоре я увидел под нами гористую местность. Огромные вулканы доставали своими безобразными вершинами до самых туч. Из их кратеров вырывалось ужасное пламя, а по склонам стекала расплавленная лава, с громким шипением исчезающая в море. На расстоянии суша казалась серым пятном, но, приблизившись к ней, я увидел, что она отливает тусклым красноватым светом.

Корабль описал несколько кругов вокруг планеты. На ней не было ничего, кроме огромной поверхности суши, окруженной бушующим морем, над которым, когда мы опустились ниже, я увидел клубы пара. Наконец корабль поднялся, вошел в космическое пространство и возвратился на борт большого корабля. Корабль набрал скорость и экран поблек.

В моем мозгу опять раздался теперь уже такой знакомый голос:

«НЕТ! Я адресую свои слова не только тебе, я обращаюсь ко всем, кто принимает участие в этом опыте. Ты настолько восприимчив, что поймешь все мои замечания, то, что мы называем акустической обратной связью. Будь внимателен. Это относится и к тебе.

Вторая Экспедиция вернулась в (тут последовало название, которое я не в силах произнести, поэтому вместо него я буду говорить «наша империя»). Ученые принялись изучать отчеты, представленные судовыми командами. Они оценили вероятное число столетий, которое должно пройти прежде, чем планета будет готова к тому, чтобы ее заселять живыми существами. Биологи с генетиками работали над тем, чтобы определить, какие существа для этого больше всего подойдут.

Когда заселяется новая планета, «новая звезда», сначала необходимы очень крупные животные и буйная растительность. Весь грунт состоит из измельченного камня, смешанного с пылевидной лавой и следами некоторых других элементов. На таком грунте могут расти только растения, питающиеся грубой пищей. Эти растения сгнивают, умирают и сгнивают животные, и все это смешивается с каменной пылью.

Проходят тысячелетия, прежде чем образуется «почва». По мере того как почва начинает все больше и больше отличаться от исходного измельченного камня, она покрывается более мелкой растительностью. Со временем почва на любой планете становится по сути местом погребения разложившихся растений и животных, и их испражнений, накопившихся за долгие века».

У меня сложилось впечатление, что Владелец Голоса сделал перерыв, чтобы осмотреть свою аудиторию. Потом он продолжал:

«Атмосфера новой планеты не подходит для дыхания человека. Испарения вулканических извержений содержат серу и множество вредных и смертельно ядовитых газов. Эта атмосфера может быть очищена соответствующими растениями, которые поглощают токсины и превращают их в безвредные минералы в грунте. Растения поглощают ядовитые испарения и преобразуют их в кислород и азот, необходимый для жизни гуманоидов.

Так что для того, чтобы подготовить основную расу, ученым самых различных областей знаний пришлось работать в течение столетий. Потом ее поместили на ближайшую планету, где были аналогичные условия, чтобы эта раса могла созреть, чтобы мы могли убедиться, что она в целом удовлетворительна. В случае необходимости ее можно было бы исправить.

Итак, новая планетарная система на долгие годы была предоставлена самой себе. Ветер и волны разрушали острые вершины гор. На этих скалистых землях миллионы лет бушевали бури. Ветер сдувал с высоких пиков каменную пыль, бешеные его порывы срывали тяжелые камни, которые скатывались вниз, измельчая осыпавшиеся мелкие камушки. Гигантские волны разъяренно бились о берег, разрушая уступы прибрежных скал, сталкивая их между собой, разбивая на все более мелкие частицы.

Раскаленная до белого цвета лава стекала в воду, пенилась и испарялась и рассыпалась в миллионы частичек, которые превращались в морской песок. Волны выбрасывали песок на берег и, поднимаясь на десятки футов вверх, беспрерывно подмывали подножья высоченных гор.

Проходили бесконечные столетия земного времени. Раскаленное солнце теперь уже палило не так свирепо. Вулканы перестали изрыгать горящие комья лавы, испепеляя все вокруг. Солнечные лучи становились более ласковыми. Соседние планеты тоже остывали. Их орбиты постепенно приобретали устойчивость. Еще довольно часто оторвавшиеся камни, сталкиваясь с другими массами, врезались в Солнце, заставляя его давать яркие вспышки. Но вся Система стабилизировалась. Планета, называемая Землей, была готова принять первую жизнь.

На базе Империи стали готовить большие космические корабли, которые должны были отправиться на Землю, и началось обучение будущих членов Третьей Экспедиции всему, что было связано с выполнением их задачи. Были отобраны мужчины и женщины с учетом их совместимости и отсутствия неврозов. Каждый космический корабль представлял собой полностью автономный мир, в котором необходимый для дыхания воздух обеспечивали растения, а воду получали из излишков воздуха и водорода — самого дешевого элемента во всей Вселенной.

Были загружены все необходимые приборы, запасы продовольствия, представители новой расы были осторожно заморожены с тем, чтобы их можно было вновь оживить в нужное время. Прошло много времени — спешка здесь была недопустима, — прежде чем Третья Экспедиция была готова отправиться в путь».

Я увидел корабль, пересекающий вселенную этой Империи, за ней — другую и входящий в то, что находилось на самом краю вселенной, к которой принадлежала новая Земля. Здесь было множество планет, вращающихся вокруг яркого солнца. Но на них никто не обращал внимания: все внимание было направлено на одну планету.

Огромный космический корабль сбавил скорость и вышел на орбиту, где неподвижно завис над одной определенной точкой планеты Земля. На борту большого корабля уже был подготовлен маленький. В него вошли шестеро мужчин и женщин, в полу основного корабля опять образовалось отверстие, через которое был спущен наблюдательный корабль. Я опять увидел на экране, как он проходит через толстый слой облаков и погружается на несколько тысяч футов под воду. Поднявшись на поверхность, он скоро оказался у места, где скалистый грунт нависал над водой.

Вулканические извержения, хотя еще и очень грозные, в значительной степени утратили свою силу. Град обломков скальных пород стал не таким обильным. Осторожно, очень-очень осторожно маленький корабль спускался все ниже и ниже. Внимательный взгляд искал наиболее подходящую поверхность для приземления, и наконец, решив, что место для этого подходит, он приземлился. Здесь, на твердой поверхности, команда провела то, что, по-видимому, считалось обычной проверкой.

Удовлетворившись полученными результатами, четверо из команды надели странные одежды, закрывающие их с головы до пят. На голову каждый из них натянул круглый прозрачный шар, который в области шеи каким-то странным образом соединялся с обручем на уже одетой одежде.

Каждый взял в руки свои вещи и вошел в небольшую комнату, дверь которой после этого тщательно закрыли и заперли. Напротив другой двери зажегся красный свет. По круглой шкале заскользила черная стрелка, и, когда она остановилась на «О», красный свет сменился зеленым и наружная дверь с размаху открылась.

Странная металлическая лестница, как будто живая, выскочила из пола и опустилась вниз примерно на пятнадцать футов. Один из группы осторожно спустился на лестницу и, достигнув ее конца, ступил на землю. Потом он вынул из чемодана длинную палку и воткнул ее в грунт. Нагнувшись, он стал внимательно рассматривать отметины на поверхности этой палки, потом, выпрямившись, сделал знак остальным, что они могут присоединиться к нему.

Члены маленькой группы, двигаясь, казалось, наугад, стали делать что-то такое, чего я не берусь объяснить. Если бы я не знал, что они разумные взрослые люди, я бы принял их ужимки за игры малых детей. Некоторые поднимали небольшие камни и прятали их в сумки. Другие били по земле молотком или втыкали в нее что-то напоминающее металлические стержни. Еще одна женщина бродила вокруг, размахивая маленькими полосками липкого стекла, а затем торопливо погружала их в бутылочки.

Все эти занятия были мне абсолютно непонятны. Наконец они вернулись на свой корабль и вошли в первое отделение. Они стояли неподвижно, как скот на рыночной площади, пока огни самых разных цветов загорались и бегали по поверхности всего тела каждого из них. Потом загорелся зеленый свет и другие огоньки погасли. Группа сняла свои защитные одежды и вошла в основную часть корабля.

Вскоре там поднялась страшная суета. Женщина с липкими стеклянными полосками начала вставлять их одну за другой в какое-то металлическое устройство. Нагнувшись к торчащим их него двум трубкам, она стала внимательно через них смотреть, поворачивая какие-то ручки и все время объясняя что-то остальным. Мужчина, принесший маленькие кусочки горного хрусталя, сложил их в машину, которая тут же громко зажужжала и внезапно выбросила этот хрусталь, превратившийся в порошок. Много было выполнено исследований, много было проведено переговоров с большим материнским кораблем.

Когда маленький корабль поднялся и вернулся на большой, из того появилось множество других мелких кораблей. Они опоясали всю планету, и из них стали падать какие-то предметы — одни на сушу, другие в море. Довольные своей работой, все маленькие корабли собрались вместе в одну линию, после чего поднялись и покинули земную атмосферу. Один за другим они возвращались на корабль-матку, и после того как это сделал последний из них, бльшой корабль покинул свою орбиту и отправился к другим планетам этой системы. По земному исчислению, это заняло много-много лет.

На Земле прошло много столетий. Для корабля, совершающего свое путешествие через космическое пространство, прошло всего несколько недель, потому что эти два времени каким-то образом сильно отличаются, хотя я и не могу этого понять, но ЭТО ТАК.

Прошло много столетий, и на суше и под водой пышно разрослись крупные грубые растения. Папоротники невероятных размеров вздымались в небо, их огромные толстые листья поглощали ядовитые газы и выдыхали днем кислород, а ночью азот*.

* Так в тексте оригинала. Очевидно, Рампа имел в виду CO_2. — *Прим. ред.*

Много лет спустя сквозь окутывающие Землю облака спустился Космический Ковчег и приземлился на песчаном берегу. Открылись огромные люки, и из ковчега в милю длиной стали вываливаться жуткие чудовища, такие тяжелые, что земля содрогнулась под их шагами. Вселяющие ужас создания, тяжело взмахивая скрипящими кожаными крыльями, стали подниматься в воздух.

Большой Ковчег — первый из многих, которые прибывали в последующие годы, — поднялся в воздух и плавно заскользил над морем. В заранее определенном месте над водной поверхностью он остановился — и странные создания посыпались в океанские глубины. Огромный ковчег взмыл вверх и исчез в самом дальнем уголке космического пространства. Невероятные создания остались на Земле — жить, сражаться, вскармливать детенышей и умирать. Атмосфера изменилась. Изменилась растительность, стали эволюционировать животные. Менялись эры, из Обсерватории Мудрых, с удаленной вселенной, постоянно велось наблюдение.

Земля начала раскачиваться на своей орбите: образовался слишком сильный эксцентриситет. Из центра Империи был послан специальный корабль. Ученые решили, что массы одного материка недостаточно для того, чтобы помешать вздыматься морским волнам, нарушая равновесие планеты. Большой корабль завис на высоте нескольких миль над поверхностью, и из него внезапно появился луч света. Континент, на который он был направлен, задрожал и раскололся на несколько более мелких. Последовавшее землетрясение было ужасным. Со временем участки суши разошлись в разные стороны, образовав противодействие морю, теперь оно разделилось на МОРЯ, тщетно бьющиеся о берег. Земная орбита стала устойчивой.

Прошли миллионы лет. Миллионы лет ЗЕМНОГО времени. Опять из Империи была послана экспедиция. На этот раз она привезла на планету первых гуманоидов. На Землю были спущены странные создания пурпурного цвета, женщины имели по восемь грудных желез, головы у всех были квадратными и сидели на плечах неподвижно, так что для того, чтобы посмотреть в сторону, приходилось поворачиваться всем телом. Ноги были короткими, а руки длинными, они спускались ниже колен. Им ничего не было известно ни об огне, ни об оружии, и, кроме того, они никогда не ссорились.

Жили они в пещерах и на ветвях больших деревьев. Питались ягодами, травами и насекомыми, ползающими по земле. Но Наблюдатели не были удовлетворены, потому что это были глупые создания, которые не могли позаботиться о себе и которые не проявляли никаких признаков эволюции.

Теперь корабли Империи стали постоянно патрулировать вселенную, в которой находилась Солнечная Система. Здесь создавались и другие миры. На других планетах они могли развиваться значительно быстрее, чем на Земле. На Землю опять отправился сторожевой корабль. Он приземлился, было схвачено несколько пурпурных местных жителей, и после их исследования было решено истребить их, подобно тому, как садовники истребляют сорные травы. На Землю была послана эпидемия, и все гуманоиды были уничтожены.

«В последующие годы, — вмешался Голос, — ваши люди используют ту же систему, чтобы избавиться от зачумленных кроликов, но ваши кролики будут умирать в агонии, МЫ делали это безболезненно».

С небес появился новый Ковчег, который принес других животных и совсем других гуманоидов. Различные их типы были расселены по различным материкам и, возможно, разный цвет кожи был выбран для того, чтобы он лучше соответствовал местным условиям. Земля еще продолжала реветь и громыхать. Вулканы изрыгали языки пламени и клубы дыма, по склонам стекала расплавленная лава. Но моря постепенно остывали, и жизнь в них менялась, приспосабливаясь к меняющимся условиям. У двух полюсов вода остыла настолько, что на ней стал образовываться лед — первый лед на Земле.

Проходили века. Атмосфера Земли менялась. Гигантские папоротники уступили место обычным деревьям. Жизненный уклад стабилизировался. Пышно расцвела могущественная цивилизация. Вокруг планеты летали Садовники Земли, навещая город за городом. Но некоторые из них установили слишком фамильярные отношения со своими подопечными, в том числе с женщинами. Один злой жрец, принадлежащий к человеческой расе, уговорил прекрасную женщину соблазнить одного из Садовников, и тот выдал их секреты. Очень скоро женщина завладела оружием, которое было на попечении этого мужчины. Не прошло и часа, как оно оказалось у жреца.

Жреческая каста, благодаря своему вероломству, завладела атомным оружием — его начали производить по украденному образцу: разработав план действий, они пригласили одного из Садовников в свой храм на благодарственный молебен. Здесь, на святой земле, они схватили Садовника и бросили его в темницу, а его снаряжение похитили. Потом они напали на остальных Садовников.

Во время битвы жрецы взорвали атомный реактор приземлившегося космического корабля. Весь мир содрогнулся. Огромная Атлантида исчезла в морской пучине. Страшные смерчи пронеслись по самым отдаленным материкам, разрушая горы и уничтожая все живое. Огромные волны обрушились на сушу, и мир стал почти непригоден для человеческой жизни. На опустошенной Земле сохранилось лишь несколько человек, и они, охваченные ужасом, укрылись в далеких пещерах.

Долгие годы Земля дрожала и сотрясалась под действием атомного взрыва. Долгие годы ни один из Садовников не появлялся для наблюдения за этим миром. Радиация была очень высокой, и потомки перепуганных остатков человечества быстро мутировали. Это оказало влияние и на жизнь растений, атмосфера ухудшилась. Низкие красные тучи закрыли солнце. Прошло очень много времени, прежде чем Мудрецы решили послать на Землю еще одну экспедицию и засеять ее оскверненные «сады» новыми семенами. Из самых отдаленных концов космического пространства был послан еще один Ковчег с людьми, животными и растениями.

Внезапно старый отшельник опрокинулся на спину, ловя ртом воздух. Молодой монах перепуганно вскочил и бросился к упавшему старцу. Маленькая бутылочка с драгоценными каплями оказалась под рукой, и вскоре старый человек спокойно лежал на боку, и дыхание его стало нормальным.

— Тебе необходимо поесть, Почтенный, — воскликнул юноша. — Я оставлю рядом с тобой воду, а сам поднимусь в Хижину Священного Созерцания, чтобы раздобыть чаю и ячменя. Я быстро управлюсь.

Отшельник слабо кивнул и затих. Молодой монах поставил рядом с ним чашу с водой и в пределах досягаемости оставил наполненную жестянку.

— Я поднимусь по крутому склону, — сказал он и поспешил из пещеры.

Он бегом пустился вдоль подножья горы, высматривая следы тропинок, ведущих к более широкой дороге наверх. Здесь, на расстоянии шести миль от них, на две тысячи футов над ними, находилась хижина, в которой останавливались многие путешественники. Там можно было раздобыть пищу, но путь был долгим, а день уже начинал клониться к вечеру.

Молодой монах ускорил шаг. Он продолжал внимательно вглядываться в склон, пока наконец не обнаружил слабые следы, оставленные им, когда он в прошлый раз взбирался по склону горы. Он обогнул покрученный низкорослый кустарник и сразу оказался перед острыми каменными выступами, которые многих лишали мужества и заставляли идти кружным путем, в несколько раз увеличивая свой и без того длинный путь.

Он медленно пробирался вверх, прилагая огромные усилия, находя зацепки для рук там, где это казалось невозможным. Так он преодолевал фут за футом. Солнце скрылось за далеким горным хребтом, и он решил какое-то время передохнуть, устроившись верхом на валуне. Вскоре из-за гор выглянули первые серебристые лучи восходящей луны.

Еще немного спустя вся поверхность скалы над ним осветилась достаточно хорошо, чтобы можно было двинуться дальше. Цепляясь всеми пальцами рук и ног, он продолжал свой опасный путь. Глубоко под ним лежала долина, уже погруженная в вечерний сумрак. Наконец он со вздохом облегчения ступил на узкую тропинку, ведущую к хижине.

Несмотря на то что все его члены болели от усталости, юноша перешел почти на бег, стремясь поскорее достичь хижины.

Слабый мерцающий свет далекой масляной лампы послужил маяком надежды для застигнутого ночью путника. Тяжело дыша, совсем ослабевший от голода, молодой человек, спотыкаясь, преодолел оставшиеся несколько ярдов, которые отделяли его от двери хижины. Изнутри доносилось тихое монотонное пение пожилого человека, читающего наизусть молитвы. «Здесь не должно быть никакого набожного человека, которому я мог бы помешать», — подумал юноша и громко позвал:

— Смотритель хижины, я нуждаюсь в твоей помощи!

Тихое однообразное бормотание смолкло. Он услышал, как, задвигавшись быстрее, заскрипели старые кости, потом дверь медленно приоткрылась. Смотритель, темный силуэт которого четко вырисовывался на фоне неверного света, бросаемого одинокой масляной лампой, спросил:

— Кто здесь? Кто ты такой, почему ты пришел в такое позднее время?

Молодой монах повернулся так, чтобы на него упал свет. Смотритель, увидев его мантию, облегченно вздохнул.

— Входи, — пригласил он.

Молодой человек нерешительно сделал шаг вперед. Наступила реакция, он чувствовал себя очень усталым.

— Уважаемый собрат, — сказал он, — Почтенный Отшельник, в пещере которого я живу, болен и у нас совсем нет пищи. Мы ничего не ели ни вчера, ни сегодня. Никакой купец к нам не заходил. У нас нет ничего, кроме озерной воды. Можешь ли дать нам какой-нибудь еды?

Смотритель сочувственно закудахтал.

— Еды? Да, конечно, я дам вам еды. Ячмень — уже смолотый. Брикет чая. Масло и сахар, да, конечно, но ты должен остаться здесь на ночь, не можешь же ты идти по горам ночью.

— Я должен, брат, — воскликнул молодой монах. — Почтенный умирает от голода. Будда меня защитит.

— Тогда задержись хоть ненадолго, поешь немного и выпей чаю, все уже готово. Ешь и пей, а я уложу тебе рюкзак. У меня всего достаточно.

Молодой человек сел в позу лотоса и склонился до самой земли в знак благодарности за столь искреннее приглашение. Он сидел и ел тсампу, запивая ее крепким чаем, пока старый смотритель пересказывал все новости и сплетни, которые всегда можно услышать в часто посещаемой хижине.

Наимудрейший отправился в путешествие. Господин Настоятель Дрепунга пренебрежительно отозвался о другом настоятеле. Коллегия Прокторов выразила благодарность Коту, несущему охрану, который обнаружил среди купцов вора. Китайцу на горном перевале устроили засаду, и, когда тот пытался убежать, он, как рассказывают, сорвался с обрыва и пролетел две тысячи футов (тело совсем разбилось и было подготовлено для грифов без какой бы то ни было помощи со стороны людей).

Но время не ждет. Молодой монах неохотно поднялся и взял предложенный мешок. Попрощавшись и поблагодарив смотрителя, он быстро вышел из хижины и начал осторожно спускаться по тропе. Луна уже стояла высоко в небе, заливая все вокруг серебристым светом. Тропа была хорошо освещена, но ее перерезали тени такой густоты, которую может себе представить только тот, кто побывал на этих высотах.

Вскоре тропа привела молодого человека к краю обрыва, где кончалась безопасная часть пути и приходилось начинать тяжелый спуск по крутому склону. Очень осторожно юноша перебрался через край. Тщательно оберегая свою ношу, он начал спускаться, преодолевая дюйм за дюймом, фут за футом, используя руки там, где не хватало ног. Перенося вес на руки, потом опять с рук на ноги, он медленно продвигался вперед.

Наконец, когда луна начала спускаться, он достиг долины, где было довольно темно. Ему пришлось продолжать свой путь наощупь, пока он не увидел наконец красный отблеск костра у входа в пещеру. Задержавшись только для того, чтобы подбросить несколько свежих веток в костер, он, пошатываясь, вошел в пещеру и опустился у ног старого отшельника, который был хорошо виден ему при свете разгоревшегося костра.

ГЛАВА ДЕСЯТАЯ

Когда старый отшельник выпил горячего чаю с кусочком масла и хорошей порцией сахара, ему стало заметно лучше. Ячмень был мелко смолот и хорошо поджарен. Пламя костра приветливо освещало вход в пещеру. Но это было еще время, только предшествующее рассвету, птицы еще спали среди ветвей, и только ночные животные продолжали бодрствовать. Луна еще плыла по небу, но она была уже совсем низко. Время от времени налетали порывы холодного ночного ветра, шелестя листьями и поднимая над костром снопы искр.

Старец осторожно поднялся на окоченевшие ноги и неверным шагом направился во внутреннюю часть пещеры. Молодой монах опустился на землю и, прежде чем его голова коснулась плотно слежавшегося песка, провалился в глубокий сон. Мир вокруг безмолвствовал. Ночь становилась темнее, но это была та темнота, которая предвещает скорый приход утренней зари. Донесся грохот одинокого камня, который сорвался с высокой скалы и рассыпался на мелкие кусочки, ударившись о лежащие под ней валуны, потом опять все стихло.

Солнце стояло уже высоко, когда молодой монах проснулся, сразу погрузившись в мир боли. Одеревеневшие конечности, усталые мышцы и ГОЛОД! Что-то пробормотав спросонья, он с трудом поднялся на ноги, взял пустую жестянку для воды и, слегка пошатываясь, вышел из пещеры. У входа приветливо мерцали красные угли прогоревшего костра. Юноша поспешно подбросил мелких веток, закрыв их сверху более крупными.

Взглянув с сожалением на быстро убывающий запас дров, он подумал о трудностях, связанных с пополнением запасов, потому что всякий раз за ними приходилось ходить все дальше и дальше. Взглянув на скалистый склон, который теперь четко вырисовывался перед ним, он невольно вздрогнул, вспомнив свое ночное восхождение. Итак — теперь к озеру, за водой.

— Сегодня у нас должен быть долгий разговор, — сказал старый отшельник, как только они завершили свой скудный завтрак, — потому что я чувствую, что Небесные Поля призывают меня поторопиться. Есть предел тому, что может вынести тело, а я давно пережил отпущенный человеку срок.

Молодой монах загрустил. Он успел привязаться к старцу и испытывал к нему глубокое уважение, а выпавшие на долю отшельника страдания казались юноше слишком непомерными.

— Я готов слушать, Почтенный, — ответил он, — только сначала позволь мне наполнить твою чашу свежей водой.

— Показавшийся на экране Ковчег, — начал старый отшельник, — был массивный и громоздкий. Это был корабль, в котором могла бы поместиться Потала и весь город Лхаса вместе с монастырями Сера и Дрепунг. Он был таким огромным, что люди, которые сплошным потоком выходили из него, казались похожими на муравьев, копошащихся в песке.

Из корабля были выгружены животные невероятных размеров и толпы новых человеческих существ. Все казались оцепеневшими, одурманенными, вероятно, это было сделано для того, чтобы они не могли сопротивляться. Вокруг них летали, как птицы, люди со странным устройством за плечами. Они собирали вместе животных и людей и подгоняли их хлыстами, сделанными из металла.

Корабль облетел всю планету, приземляясь то тут, то там, чтобы выгрузить животных самых разных видов. Из него выходили люди, белые, черные и желтые. Низкие и высокие. Темноволосые и светловолосые. Среди животных были полосатые, длинношеие и такие, у которых шея, казалось, вообще отсутствует.

Я никогда не подозревал, что может существовать такое разнообразие окрасок, размеров и типов живых созданий. Некоторые из морских животных были таких необъятных размеров, что я долго не мог понять, как они могут передвигаться, но оказалось, что в море они так же быстро плавают, как рыбы в наших озерах.

В воздухе постоянно кружились небольшие корабли, на борту их были люди, которые наблюдали за новыми обитателями Земли. Во время своих посещений они разгоняли большие скопления людей и животных и следили за тем, чтобы они равномерно распределялись по всему земному шару.

Прошли века, а Человек все еще был не в состоянии добывать огонь и даже не создал самых грубых каменных орудий. Посовещавшись, Мудрецы решили, что для улучшения «расы» следует ввести несколько гуманоидов, более развитых и умеющих добывать огонь и обрабатывать камень. Итак, Садовники Земли на протяжении нескольких столетий вводили свежие крепкие экземпляры для улучшения человеческой расы.

Человечество стало постепенно развиваться, сначала научившись обрабатывать камни, потом добывать огонь. Со временем люди начали строить дома, вырастали города. Садовники всегда находились среди людей, и люди считали их Богами, спустившимися на Землю.

Мои наблюдения опять были прерваны Голосом, который говорил:

«Нет пользы в том, чтобы просто наблюдать за бесконечными трудностями, которые осаждали эту новую колонию на Земле. Я буду описывать тебе самые характерные особенности, чтобы ты мог воспользоваться моими описаниями, когда сам будешь передавать знания. Пока я буду говорить, перед нами будут возникать соответствующие картины, так что ты одновременно будешь видеть все, о чем я говорю.

Наша Империя была великой Империей, но из другой удаленной вселенной явился воинственный народ, который попытался силой отобрать наши владения. Это были гуманоиды, но на висках у них росли рога, а сзади был хвост. Они отличались очень воинственным нравом, война была их спортом и их работой. Прибывая в черных кораблях, они наводняли эту вселенную и опустошали миры, которые мы совсем недавно начали засевать.

В космосе происходили сокрушительные битвы. Миры опустошались, миры извергали сгустки дыма и пламени, и обломки этих миров, превратившись в Кольцо Астероидов, до сих пор загромождают космические пути. Еще недавно цветущие миры утратили свою атмосферу, и жизнь на них прекратилась. Одно небесное тело налетело на другое, и волна, вызванная их столкновением, столкнула Землю с ее орбиты. Вибрируя и сотрясаясь, Земля вышла на новую орбиту, и земной день стал длиннее.

Другое столкновение двух небесных тел неподалеку от Земли привело к гигантским электрическим разрядам. Опять запылали небеса. Многие жители Земли погибли. Страшные наводнения обрушились на сушу, и Садовники, пытаясь спасти людей и животных, послали на Землю свои Ковчеги, чтобы доставить их на более высокие и безопасные участки суши. Позднее, — продолжал Голос, — это послужило основанием для возникновения легенд в разных уголках Земли, неправильно истолковывающих события. Но силы Империи выиграли космическую битву. Они нанесли поражение силам зла, захватив многих в плен.

Князь тех, кто посягал на наши владения, Князь Сатана, просил, чтобы ему сохранили жизнь, обещая многому научить жителей нашей Империи. Он говорил, что всю свою жизнь посвятит работе на благо других.

Ему и некоторым другим ведущим представителям этого мира была дарована жизнь. Отбыв плен, он стал выражать сильное желание сотрудничать в восстановлении Солнечной Системы, которая была им осквернена. Будучи людьми доброй воли, адмиралы и генералы Империи не могли себе представить, что их может ждать предательство. Они приняли его предложение и поручили Князю Сатане и его служащим выполнение определенных задач под наблюдением людей из Империи.

Обитатели Земли потеряли рассудок от того, что им пришлось пережить. Их уничтожали наводнения и огонь, который сыпался прямо с неба. С отдаленных планет, на которых тоже жили люди, была доставлена новая раса. Теперь и суша, и море были совсем другими. Благодаря изменению земной орбиты изменился и климат. Теперь на Земле существовал жаркий экваториальный пояс, а вокруг полюсов образовались огромные массы льда. Откалывающиеся от них айсберги плавали по морям. Гигантские животные вымерли от внезапно наступившего похолодания. Леса гибли, не выдерживая столь резкого изменения климата.

Очень медленно условия стабилизировались. Человек опять начал создавать цивилизацию. Но теперь Человек стал крайне агрессивным и преследовал всех, кто был слабее его. Садовники, как они всегда делали, внедряли свежих представителей для улучшения основной расы. Человек эволюционировал, и постепенно появлялись лучшие типы земных творений. Но Садовники не были удовлетворены. Они решили, что на Земле должно жить побольше их представителей. Там должны жить Садовники и их семьи.

Для удобства в качестве основных баз были использованы вершины гор или высокие плоскогорья. Мужчины и женщины спустились в своих космических кораблях на восточные земли и на приятных горных склонах образовали свои поселения. Защитниками и основателями японской расы стали Изанаги и Ицанами, и это, — в Голосе послышалось раздражение и печаль одновременно, — опять привело к рождению легенд, весьма далеких от истины. Эти двое, Изанаги и Ицанами, появились со стороны солнца, и поэтому местные жители верили, что бог и богиня солнца спустились на землю, чтобы поселиться вместе с ними».

На экране, который был перед моими глазами, показалось большое кроваво-красное солнце. Показалось, что прямо от него отделился сверкающий космический корабль, отражающий красные лучи заходящего солнца. Корабль спустился ниже, на какое-то время завис, потом начал лениво облетать Землю. Наконец, когда красные лучи вечернего солнца осветили покрытые снегом горные вершины, корабль опустился на плоскую площадку высоко в горах. Последние солнечные лучи осветили мужчину и женщину, которые вышли из корабля, чтобы осмотреться вокруг, потом вернулись обратно. Желтокожие туземцы пали ниц перед кораблем, в благоговейном страхе глядя на великолепное видение и молча ожидая, что будет дальше, потом скрылись во тьме наступившей ночи.

Картина сменилась другой. Я увидел другие горы в отдаленных землях. Где это было, я не знал, но скоро Голос мне все разъяснил. В небе показались космические корабли, которые, описав несколько кругов, стали медленно спускаться, пока не усеяли весь горный склон.

«Боги Олимпа! — саркастически произнес Голос. — Так называемые Боги, принесшие так много испытаний и несчастий этому юному миру. Эти люди, среди которых был бывший Князь Сатана, явились сюда, чтобы водвориться на Земле, но центр Империи был слишком далеко. Апатия и подсказки Сатаны сбили с пути этих молодых мужчин и женщин, которым на Земле было дано задание, которого они не смогли выполнить.

Команды этих кораблей составляли Зевс, Аполлон, Тесей, Афродита, дочери Кадма и многие другие. Посланец Меркурий спешил с корабля на корабль, которые рассредоточились по всему миру, разнося послания — и скандалы. Мужчин охватило желание владеть чужими женами. Женщины сами начали завлекать мужчин, которые им нравились. В небесах началась сумасшедшая охота на скоростных кораблях, когда женщина охотилась за мужчиной или мужчина охотился за бежавшей женой.

И невежественные жители Земли, наблюдая сексуальные игры тех, кого они считали богами, решили, что ЭТО и есть тот образ жизни, который ОНИ должны вести. Так началась эпоха разврата, когда все правила приличия были попраны.

Разные хитрые туземцы, которые умели приспосабливаться скорее других, объявили себя священнослужителями и стали претендовать на то, чтобы быть Голосом Божьим. «Боги» были слишком заняты своими оргиями и даже не подозревали об этом. Но эти оргии вели к другим эксцессам, вели к убийствам, столь многочисленным, что еще много времени спустя известия о них продолжали доходить до Империи.

Но местные священнослужители, те, которые претендовали на то, чтобы быть представителями Богов на Земле, записывали все, что происходило, и так изменяли сообщения, чтобы это увеличивало их собственную власть. На протяжении всей истории человечества всегда получалось так, что некоторые местные жители записывали не то, что происходило на самом деле, а то, что могло увеличить их власть и повысить их престиж. Большинство легенд даже приблизительно не передают того, что происходило на самом деле».

Я посмотрел на другой экран. Здесь находилась еще одна группа Садовников, или «Богов»: Гор, Озирис, Изида и многие другие. Здесь тоже происходили оргии. Здесь тоже работал бывший заместитель Князя Сатаны, пытаясь сорвать все усилия, направленные на благо этого маленького мира. Здесь тоже были неизбежные священники, которые создавали свои бесконечные легенды, искажающие действительность.

Здесь были некоторые, кто сумел втереться в доверие к «богам» и получить таким образом знания, которыми обычно запрещено владеть туземцам для их же блага. Эти туземцы образовали тайные общества, целью которых было украсть как можно больше запретных знаний и узурпировать власть Садовников.

Но Голос продолжал свои объяснения:

«У нас возникло очень много трудностей с некоторыми из туземцев, и мы вынуждены были принять репрессивные меры. Некоторые из местных священнослужителей, завладевшие оборудованием, украденным у Садовников, не умели им управлять: они наслали чуму на Землю. Люди умирали один за другим, гибли урожаи.

Но некоторые из Садовников под руководством Князя Сатаны основали столицу Греха в городах Содом и Гоморра. Городах, где любой порок или извращение, любой грех считался добродетелью. Мастер Империи официально потребовал от Сатаны, чтобы тот прекратил все это, но он только засмеялся в ответ. Некоторым лучшим жителям Содома и Гоморры было предложено покинуть эти города, после чего в назначенное время одинокий корабль пронесся над ними и сбросил вниз небольшой сверток.

Города, объятые пламенем, были стерты с лица Земли. Огромное грибовидное облако поднялось в задрожавшее небо, земля опустела, на месте бывших городов остались груды щебня, расплавившиеся камни и жалкие остатки разрушенного человеческого жилья. Ночью над поверхностью погибших городов можно было видеть смертоносное багровое излучение. Очень немногим удалось избежать катастрофы.

После этого грозного предупреждения было решено отозвать всех Садовников с Земли и не поддерживать больше никаких контактов с местными жителями, но воздействовать на них издали. Сторожевые корабли продолжали проникать в атмосферу. За миром и его жителями продолжали наблюдать. Но никаких служебных контактов. Вместо этого было решено иметь на Земле специально обученных жителей Земли, которых можно было бы «внедрять» туда, где их могут найти соответствующие люди.

Ярким примером является человек, который позже стал известен под именем Моисея. Для этого с Земли была взята подходящая местная женщина, которую оплодотворили семенем, обладающим необходимыми характеристиками. Зачатого ребенка обучали телепатически еще до его рождения и он получил великолепные — для туземца — знания. Он получил гипнотическое внушение не раскрывать того, что он знает, до назначенного времени.

После рождения ребенка его обучение и физическая закалка были продолжены. Потом ребенка поместили в подходящий контейнер и под прикрытием ночи положили на камышовую подстилку, где вскоре должны были его найти. Когда он достиг зрелого возраста, мы стали часто устанавливать с ним контакт.

Когда настало время, небольшой корабль опустился высоко в горах, скрываемый естественными облаками или даже теми, которые мы специально для этого создали. Тогда человек, которого назвали Моисеем, поднялся в горы и вошел на борт корабля, откуда он вышел со Скипетром Власти, или специальными Скрижалями с Заповедями, которые мы для него подготовили.

Но это еще не все. Мы пытались делать нечто подобное и в других странах. В тех землях, которые теперь известны как Индия, мы специально наблюдали и обучали мальчика из наиболее известного княжеского рода. Мы считали, что его власть и престиж, который дает ему принадлежность к этому роду, заставит местных жителей следовать за ним и придерживаться особого учения, сформулированного нами, что должно было улучшить духовное состояние местных жителей.

Однако у Гаутамы были свои собственные идеи, и вместо того, чтобы отказаться от него, мы позволили ему создать свое собственное духовное учение. И мы еще раз убедились в том, что апостолы или жрецы — обычно ради собственной выгоды — в своих писаниях искажают учение. Так всегда было на Земле: определенный круг лиц, самозваные апостолы, редактировали или переписывали писания для усиления своей власти и богатства.

Появлялись и другие, которые основали новые ветви религии, например Магомет, Конфуций — все это имена, которые теперь часто упоминаются. Но мы руководили каждым из них или обучали его, чтобы в этом мире установилась, наконец, вера, чтобы религиозные лидеры могли повести своих последователей путем ДОБРА.

Мы хотели, чтобы каждый человек поступал по отношению к другому так, как он хотел бы, чтобы другие поступали по отношению к нему. Мы пытались установить всеобщую гармонию, какая существует в нашей Империи, но это новое человечество еще развито недостаточно для того, чтобы забыть о своем «я» и работать на благо других.

Мудрецы не были удовлетворены тем, как шли дела. Все хорошо обдумав, они предложили новую схему. Один из Мудрецов заметил, что все, кого до сих пор посылали на Землю, внедрялись в самые богатые семьи. Как он совершенно справедливо утверждает, многие представители низших классов автоматически отвергают все, что говорят люди из более высоких слоев общества.

Вот почему было проведено исследование, сначала на основании Хроник Акаши, в поисках подходящей женщины, которая родила бы сына. Подходящей женщины из бедной семьи в подходящей стране, в которой можно было ожидать, что новая религия или доктрина попадет на благоприятную почву. Исследователи прилежно занялись своей задачей. Было рассмотрено огромное количество возможностей. В поисках наиболее подходящей семьи на Землю были тайно посланы трое мужчин и три женщины.

Все согласились, что для этой цели больше всего подходит молодая женщина, у которой не было детей и которая была замужем за мастером самого древнего ремесла на Востоке — за плотником. Мудрецы рассудили, что большинство жителей принадлежит к этому классу и они скорее последуют тому, что будет говорить их собственный представитель. Итак, к этой женщине явился один из нас, которого она приняла за ангела, и поведал ей, что ей выпала великая честь, что она родит мальчика, который станет основателем новой религии.

В назначенный срок женщина забеременела, но потом произошло одно из тех событий, которые часто случаются в той части мира: женщина и ее муж должны были бегством спасаться из собственного дома в связи с преследованиями местного правителя.

Они с трудом проделали свой путь до одного ближневосточного города, и тут женщина поняла, что ее время пришло. Ей пришлось отправиться в хлев, потому что другого места не нашлось. Здесь и появился на свет ребенок. Мы все время следовали за ней во время ее поспешного бегства, готовые сделать все, что от нас потребуется. Три члена нашего неусыпного экипажа спустились на поверхность Земли и вошли в хлев. К большому своему сожалению они узнали, что их корабль заметили и приняли за Звезду Востока.

Ребенок рос и благодаря специальному внушению, которое он постоянно получал телепатическим путем, он стал многообещающим молодым человеком.

Еще будучи юношей, он вел диспуты со старшими и, к сожалению, никогда не соглашался с местным духовенством. Едва достигнув зрелости, он отправился странствовать и побывал во многих странах на Ближнем и Дальнем Востоке. Мы направили его в Тибет, он пересек горный хребет и некоторое время провел в Соборе Лхасы, где до сих пор сохраняются отпечатки его рук. Тут он получил много советов и помощь в формулировке религии, пригодной для людей Запада.

Во время своего пребывания в Лхасе он был подвергнут специальной обработке, во время которой было освобождено астральное тело земного человека, и его забрали, дав ему другое существование. На его место поместили одно из астральных тел по нашему выбору. Это был человек с огромным опытом в духовных вопросах — куда большим, чем можно приобрести в земных условиях.

Подобная система трансмиграции довольно часто используется, когда речь одет об отсталых расах.

Наконец все было готово, и он отправился в обратный путь на свою далекую родину. Прибыв туда, он довольно быстро приобрел ряд последователей, которые помогали ему в распространении новой религии.

К сожалению, тот, кто сначала жил в его теле, прежде вступал в конфликты со священнослужителями. Теперь они вспомнили об этом и тщательно подготовили событие, во время которого этот человек был арестован. Под руководством судьи, который вел дело, оно закончилось хорошо известным образом. Мы обсуждали возможность его спасения, но пришли к выводу, что это не даст хороших результатов ни для всего народа, ни для новой религии.

Новое духовное течение быстро распространялось. Но опять нашлись те, кто разрушил его в своих собственных интересах. Примерно шестьдесят лет спустя после его введения в средневосточном городе Константинополе был проведен большой съезд. На него съехалось множество священнослужителей. Многие из них были развращенными людьми с извращенными сексуальными потребностями, они смотрели на гетеросексуальные отношения как на нечистые.

Большинством голосов истинное Учение было изменено, и женщину признали нечистой. Теперь считалось — совершенно ошибочно, — что все дети рождаются во грехе.

Здесь было принято решение опубликовать книгу о событиях шестидесятилетней давности. Были наняты писатели, чтобы составить книгу именно под таким углом зрения, используя как можно больше сказок и легенд, которые передавались (со всеми обязательными искажениями) из уст в уста.

Год за годом собирались различные комиссии, которые редактировали, уничтожали и изменяли эпизоды, которые им не нравились. В конце концов была написана книга, которая НЕ учила истинной Вере, а фактически преподносила все так, чтобы усилить власть священнослужителей.

Все последующие столетия священники — те, кто ДОЛЖЕН был способствовать развитию человечества — активно этому мешали. Распространялись ложные истории, факты были искажены. Пока люди Земли, и особенно священнослужители, которые на самом деле служат злу, не встанут на другой путь, мы, Жители Империи, мы будем управлять земным миром. И все это время, если не считать таких экстремальных случаев, как нынешний, мы решили не поддерживать отношений с Человеком и не устанавливать связи ни с одним из правительств.

Голос умолк. В полном оцепенении я плавал перед этими постоянно меняющимися экранами, смотря на картины далекого прошлого, которые появлялись у меня перед глазами. Кроме того, мне показали много картин вероятного будущего, будущего, которое МОЖНО предсказать достаточно точно для всего мира или для отдельной страны.

Я видел мою собственную дорогую мне землю, захваченную ненавистными китайцами. Я видел возникновение — и падение — пагубного политического режима, название которого было что-то вроде коммунизма, но мне оно ни о чем не говорило. Наконец я почувствовал полное изнеможение. Я почувствовал, что даже мое астральное тело ослабело от того напряжения, которому я был подвергнут. Экраны, еще только что полные живых красок, стали серыми. Мое зрение затуманилось, и я потерял сознание.

Я проснулся или, скорее, был выведен из бессознательного состояния страшной тряской. Я открыл глаза — но у меня НЕ БЫЛО глаз! Хотя я еще не мог пошевелиться, я каким-то образом понял, что опять нахожусь в своем физическом теле. Тряска была вызвана движением стола, на котором я лежал — его несли обратно по коридору космического корабля.

Лишенный всякого выражения голос равнодушно произнес: «Он пришел в сознание». Последовало какое-то бормотание, которое должно было выражать благодарность, и опять наступила тишина, было слышно только шарканье ног и слабый скрип металла, когда стол задевал о стену.

Опять я лежал один в той металлической комнате. Люди поставили мой стол и молча удалились. Я лежал и думал о тех удивительных событиях, которые со мной произошли, хотя и чувствовал себя слегка обиженным. Постоянное осуждение священнослужителей. Я был священнослужителем, но они с удовольствием воспользовались моей невольной помощью. Так я лежал, размышляя, и вдруг услышал, как отодвигается скользящая металлическая панель. Вошел человек, и дверь за ним задвинулась.

— Прекрасно, Монах, — услышал я голос Доктора, — ты держался хорошо. Мы очень гордимся тобой. Пока ты лежал без сознания, мы опять изучали твой мозг, и наши приборы показали нам, что все переданные тебе знания находятся в клетках твоего мозга. Ты смог многому научить наших мужчин и женщин. Скоро ты будешь свободен. Это делает тебя счастливым?

— Счастливым, сэр Доктор? — воскликнул я. — Отчего я могу чувствовать себя счастливым? Вы захватили меня в плен, вы отрезали мне верхнюю часть головы, вы выгнали мой дух из моего тела, вы оскорбляли меня как священнослужителя, и теперь — использовав меня — вы собираетесь выбросить меня, как человека, который сделал все дела и его истерзанное тело можно предать смерти. И я должен чувствовать себя счастливым? Отчего я могу быть счастлив? Вы собираетесь вернуть мне глаза? Вы собираетесь обеспечить мое существование? Иначе как я смогу жить? — последнюю фразу я почти прорычал.

— Самая большая беда вашего мира в том, Монах, — задумчиво произнес доктор, — что большинство ваших людей негативны. Никто не скажет, что ТЫ негативен. Ты позитивно говоришь то, что ты думаешь. Если люди всегда будут думать ПОЗИТИВНО, в вашем мире не будет никаких неприятностей, потому что негативные условия естественно приходят к людям там, где они прилагают массу усилий к тому, чтобы быть негативными.

— Но, сэр Доктор! — воскликнул я. — Я спрашиваю, что вы собираетесь ДЕЛАТЬ со мной. Как я буду жить? Что я буду ДЕЛАТЬ? Должен ли я сохранять эти знания, пока кто-нибудь проходящий мимо не скажет, что ОН этот человек, а потом разболтать все, подобно старой женщине на рыночной площади? И ПОЧЕМУ ВЫ ДУМАЕТЕ, что я выполню порученную мне задачу, если вы так плохо отзываетесь о священнослужителях?

— Монах! — сказал доктор. — Мы поместим тебя в комфортабельную пещеру с прекрасным каменным полом. Там будет крошечная струйка воды, которая будет обеспечивать твои потребности. Что касается пищи, твой сан священнослужителя гарантирует то, что люди ПРИНЕСУТ тебе пищу. И опять-таки, существуют священники и *священники*: священнослужители Тибета — в основном хорошие священнослужители, у нас не возникало с ними ссор. Разве ты не заметил, что мы и раньше использовали священнослужителей Тибета? Ты спрашиваешь, кому ты должен будешь передать свои знания: запомни — ты будешь ЗНАТЬ, когда придет этот человек. Передай свои знания ему, и никому другому.

Итак, я лежал, будучи полностью в их власти. Но несколько часов спустя доктор опять вошел в мою комнату и сказал:

— Теперь ты опять получишь возможность двигаться. Сначала — вот тебе новая мантия и новая чаша.

Мною занялись чьи-то руки. Из меня выдернули все странные приспособления. С меня сняли простыню и рядом со мной оказалась новая мантия — НОВАЯ мантия, первая НОВАЯ мантия за всю мою жизнь. Потом ко мне вернулась возможность двигаться. Какой-то мужчина обхватил меня за плечи и помог мне передвинуться на край стола. В первый раз за не знаю сколько дней я опять стоял на ногах.

Эту ночь я провел с большими удобствами, закутавшись в шерстяное одеяло, которое тоже получил от них. А наутро меня взяли и, как я уже тебе рассказывал, перенесли в пещеру, где я прожил больше шестидесяти лет в полном одиночестве. Но давай, прежде чем отправимся спать, выпьем немного чаю, потому что моя задача завершена.

ГЛАВА ОДИННАДЦАТАЯ

Молодой монах внезапно вскочил, у него от страха волосы встали дыбом. ЧТО-ТО легко коснулось его. ЧТО-ТО провело ледяными пальцами по его лбу. Мгновение, которое показалось ему вечностью, он сидел, выпрямившись, как стрела, всячески напрягая слух и пытаясь уловить хотя бы слабый звук. Его широко раскрытые глаза тщетно пытались проникнуть сквозь окружающую его непроницаемую тьму. Никаких признаков движения, никаких звуков. Вход в пещеру едва заметно вырисовывался на фоне кромешной тьмы пещеры пятном чуть меньшей густоты.

Он продолжал прислушиваться, затаив дыхание, пока не услышал тяжелые удары собственного сердца и слабое поскрипывание и хрипы своих органов. Даже слабого шелеста листьев, разбуженных ветром, не доносилось до него. Ни одно ночное животное не подавало признаков жизни. Полная тишина. Абсолютное отсутствие звуков, которое мало кому приходилось испытать и которого не существует в человеческих сообществах. Опять легкое прикосновение достигло его лба. Испуганно вскрикнув, он быстро вскочил, его ноги пустились в путь, не успев коснуться земли.

Стремительно выбежав из пещеры, он бросился к хорошо прикрытому костру. Отбросив защищавшую его землю и песок, он добрался до светящихся красным светом углей. Быстро засунув в них сухую ветку, он стал изо всех сил дуть на тлеющий костер так, что, казалось, не выдержат его кровеносные сосуды.

Наконец ветка загорелась. Зажав ее в одной руке, он быстро поднес к огню еще одну и подождал, пока она тоже загорится. Наконец, держа в каждой руке по горящей ветке, он медленно вернулся в пещеру. Трепещущие отблески пламени прыгали и танцевали по стенам пещеры при его движении. С каждой стороны его сопровождала огромная гротескная его тень.

Он боязливо всматривался вокруг. Он боязливо цеплялся за надежду, что это паутина касалась его лба, но там не было никаких ее следов. Тогда он вспомнил о старом отшельнике и мысленно отругал себя за то, что не подумал о нем раньше.

— Почтенный! — позвал он дрожащим голосом. — С тобой все в порядке?

Он напряженно прислушивался, но ответа не услышал, не было даже эхо. Боясь двигаться дальше, он замедлил шаг, продолжая держать в обеих руках горящие ветки, которые хорошо освещали ему путь. В конце пещеры он повернул направо, в ту часть пещеры, куда он до сих пор ни разу не входил, и издал сдержанный вздох облегчения, когда увидел старца, сидящего в позе лотоса в дальнем углу меньшей пещеры.

Когда он уже собрался молча удалиться, его внимание было привлечено странными вспышками — одна, вторая, третья. С трудом присмотревшись, он увидел, что из выступа в скале капля за каплей стекает вода. Молодой монах успокоился.

— Извини, Почтенный, что я вошел сюда, — сказал он. — Я испугался, что ты заболел. Я ухожу.

Но ответа не последовало. Ни единого движения. Старый человек сидел неподвижно, как каменное изваяние. Полный недоброго предчувствия, молодой человек приблизился к нему и стал внимательно рассматривать неподвижную фигуру. Наконец он робко протянул руку и коснулся плеча старца — дух покинул тело. До этого, ослепленный колеблющимся пламенем факелов, он не подумал об ауре. Теперь он осознал, что она тоже погасла.

Молодой человек грустно сел перед трупом отшельника, скрестив ноги, и по памяти прочитал древнюю ритуальную молитву для умерших. Объясняющую Духу, как совершить свой путь в Небесные Поля. Предупреждающую о возможных опасностях, которые грозят ему в его помраченном состоянии сознания от вредных сущностей. Наконец религиозный долг был выполнен. Он медленно поднялся на ноги, поклонился мертвому телу и — уже не имея горящих факелов — стал наощупь выбираться из пещеры.

Уже проснулся предрассветный ветерок и жалобно стонал среди деревьев. Дикое причитание доносилось из скалистой расщелины, которую продувал ветер, извлекая высокий органный звук, унылый и печальный. Медленно появлялись на утреннем небу первые слабые полосы света, и уже можно было различить дальний конец горного хребта.

Молодой монах грустно опустился на землю и, сидя у костра, стал обдумывать, что делать дальше. Задача, которая стояла перед ним, вызывала у него суеверный страх. Время, казалось, остановилось. Но наконец взошло солнце, озарив своими лучами все вокруг. Молодой монах засунул в костер ветку и терпеливо ждал, когда она загорится. Потом неохотно взял ее в руку и на дрожащих ногах отправился в пещеру, во внутреннюю ее часть.

Тело старого отшельника находилось в сидячем положении, как будто он был еще жив. Испытывая непреодолимый страх, юноша нагнулся и поднял тело старца. Без особых усилий он выпрямился и взвалил его на плечи. Слегка пошатываясь, он вышел из пещеры и пошел вдоль горного склона, где ждал большой плоский камень. Грифы тоже ждали.

Молодой человек медленно снял с изможденного тела мантию и испытал мгновенную жалость при виде худого, как скелет, тела, обтянутого высохшей кожей. Содрогнувшись от отвращения, он вонзил острый нож в нижнюю часть живота и с усилием повел его вверх. Перерезаемые хрящи и мышцы издавали отвратительные звуки, которые заставили грифов насторожиться и перебраться поближе.

Подготовив тело и открыв все его внутренние полости, молодой человек поднял тяжелый камень и бросил его на череп, из которого выскочил растерзанный мозг. У него по щекам катились слезы, когда он выпрямился и, захватив мантию и чашу старого человека, устало направился к пещере, оставив за спиной ссорящихся и дерущихся грифов. Он бросил мантию и чашу в костер и молча смотрел, как пламя быстро пожирало их.

Печально роняя слезы на изнывающую от жажды землю, он повернулся и медленно начал свой длинный путь вниз, чтобы начать следующий этап своей жизни.

Литературно-художественное издание

Лобсанг РАМПА
ОТШЕЛЬНИК

Перевод *Н. Г. Шпет, И. Гаврилюк*

Редактор *И. Старых*

Корректоры *Т. Зенова,*
Е. Ладикова-Роева, Е. Введенская

Оригинал-макет *И. Петушков, Т. Ткаченко*

Обложка *А. Янковой*

Подписано к печати 23.02.2003 г. Формат 60x90/16.
Усл.печ. лист. 10,00. Зак. 342
Цена договорная. Тираж 10000.

Издательство «София»,
03049, Украина, Киев-49, ул. Фучика, 4/25

ООО Издательский дом «София»,
109028, Россия, Москва,
ул. Воронцово поле, 15/38, стр. 9
Свидетельство о регистрации №1027709023759 от 22.11.2002

http://www.sophya.com.ua

Отделы оптовой реализации издательства "*СОФИЯ*"
Киев (044) 230-27-32, 230-27-34
Москва (095) 105-34-28
Санкт-Петербург (812) 327-72-37

Книга-почтой
Россия (095) 476-32-52, e-mail: esoterikos@mtu-net.ru
Украина (044) 513-51-92, 01030 Киев, а/я 41, e-mail: postbook@i.com.ua